吳墉祥在台日記
(1969)

The Diaries of Wu Yung-hsiang at Taiwan, 1969

民國日記｜總序

呂芳上

民國歷史文化學社社長

人是歷史的主體，人性是歷史的內涵。「人事有代謝，往來成古今」（孟浩然），瞭解活生生的「人」，才較能掌握歷史的真相；愈是貼近「人性」的思考，才愈能體會歷史的本質。近代歷史的特色之一是資料閎富而駁雜，由當事人主導、製作而形成的資料，以自傳、回憶錄、口述訪問、函札及日記最為重要，其中日記的完成最即時，描述較能顯現內在的幽微，最受史家重視。

日記本是個人記述每天所見聞、所感思、所作為有選擇的紀錄，雖不必能反映史事整體或各個部分的所有細節，但可以掌握史實發展的一定脈絡。尤其個人日記一方面透露個人單獨親歷之事，補足歷史原貌的闕漏；一方面個人隨時勢變化呈現出不同的心路歷程，對同一史事發為不同的看法和感受，往往會豐富了歷史內容。

中國從宋代以後，開始有更多的讀書人有寫日記的習慣，到近代更是蔚然成風，於是利用日記史料作歷史研究成了近代史學的一大特色。本來不同的史料，各有不同的性質，日記記述形式不一，有的像流水帳，有的生動引人。日記的共同主要特質是自我（self）與私密（privacy），史家是史事的「局外人」，不只注意史實的追尋，更有興趣瞭解歷史如何被體驗和講述，這時對「局內人」所思、所行的掌握和體會，日記便成了十分關鍵的材料。傾聽歷史的聲音，重要的是能聽到「原音」，而非「變音」，日記應屬原音，故價值高。1970年代，在後現代理論影響下，檢驗史料的潛在偏見，成為時尚。論者以為即使親筆日記、函札，亦不必全屬真實。實者，日記記錄可能有偏差，一來自時代政治與社會的制約和氛圍，有清一代文網太密，使讀書人有口難言，或心中自我約束太過。顏李學派李塨死前日記每月後書寫「小心翼翼，俱以終始」八字，心所謂為危，這樣的日記記錄，難暢所欲言，可以想見。二來自人性的弱點，除了「記主」可能自我「美化拔高」之外，主觀、偏私、急功好利、現實等，有意無心的記述或失實、或迴避，例如「胡適日記」於關鍵時刻，不無避實就虛，語焉不詳之處；「閻錫山日記」滿口禮義道德，使用價值略幾近於零，難免令人失望。三來自旁人過度用心的整理、剪裁、甚至「消音」，如「陳誠日記」、「胡宗南日記」，均不免有斧鑿痕跡，不論立意多麼良善，都會是史學研究上難以彌補的損失。史料之於歷史研究，一如「盡信書不如無書」的話語，對證、勘比是個基本功。或謂使用材料多方查證，有如老吏斷獄、法官斷案，取證求其多，追根究柢求其細，庶幾還原案貌，以證據下法理註腳，盡力讓歷史真相水落可石出。是故不同史料對同一史事，記述會有異同，同者互證，異者互勘，於是能逼近史實。而勘比、互證之中，以日記比證日記，或以他人日記，證人物所思所行，亦不失為一良法。

從日記的內容、特質看，研究日記的學者鄒振環，曾將日記概分為記事備忘、工作、學術考據、宗教人生、游歷探險、使行、志感抒情、文藝、戰難、科學、家庭婦女、學生、囚亡、外人在華日記等十四種。事實上，多半的日記是複合型的，柳貽徵說：「國史有日歷，私家有日記，一也。日歷詳一國之事，舉其大而略其細；日記則洪纖必包，無定格，而一身、一家、一地、一國之真史具焉，讀之視日歷有味，且有補於史學。」近代人物如胡適、吳宓、顧頡剛的大部頭日記，大約可被歸為「學人日記」，余英時翻讀《顧頡剛日記》後說，藉日記以窺測顧的內心世界，發現其事業心竟在求知慾上，1930 年代後，顧更接近的是流轉於學、政、商三界的「社會活動家」，在謹厚恂恂君子後邊，還擁有激盪以至浪漫的情感世界。於是活生生多面向的人，因此呈現出來，日記的作用可見。

晚清民國，相對於昔時，是日記留存、出版較多的時期，這可能與識字率提升、媒體、出版事業發達相關。過去日記的面世，撰著人多半是時代舞台上的要角，他們的言行、舉動，動見觀瞻，當然不容小覷。但，相對的芸芸眾生，識字或不識字的「小人物」們，在正史中往往是無名英雄，甚至於是「失蹤者」，他們如何參與近代國家的構建，如何共同締造新社會，不應該被埋沒、被忽略。近代中國中西交會、內外戰事頻仍，傳統走向現代，社會矛盾叢生，如何豐富歷史內涵，需要傾聽社會各階層的「原聲」來補足，更寬闊的歷史視野，需要眾人的紀錄來拓展。開放檔案，公布公家、私人資料，這是近代史學界的迫切期待，也是「民國歷史文化學社」大力倡議出版日記叢書的緣由。

導言

侯嘉星

國立中興大學歷史學系助理教授

《吳墉祥在台日記》的傳主吳墉祥（1909-2000），字茂如，山東棲霞縣人。幼年時在棲霞就讀私塾、新式小學，後負笈煙台，畢業於煙台模範高等小學、私立先志中學。中學期間受中學校長、教師影響，於1924年加入中國國民黨；1927年5月中央黨務學校在南京創設時報考錄取，翌年奉派於山東省黨部服務。1929年黨務學校改為中央政治學設大學部，故1930年申請返校就讀，進入財政系就讀，1933年以第一名成績畢業。自政校畢業後留校擔任助教3年，1936年由財政系及黨部推薦前往安徽地方銀行服務，陸續擔任安慶分行副理、經理，總行稽核、副總經理，時值抗戰軍興，隨同皖省政府輾轉於山區維持經濟、調劑金融。1945年因抗戰勝利在望，山東省主席何思源遊說之下回到故鄉任職，協助重建山東省銀行。

1945年底山東省銀行正式開業後，傳主擔任總經理主持行務；1947年又受國民黨中央黨部委派擔任黨營事業齊魯公司常務董事，可說深深參與戰後經濟接收與重建工作。這段期間傳主也通過高考會計師合格，並當選棲霞區國民大會代表。直到1949年7月因戰局逆轉，傳主隨政府遷台，定居於台北。1945至1950這

6 年間的日記深具歷史意義，詳細記載這一段經歷戰時淪陷區生活、戰後華北接收的諸般細節，乃至於國共內戰急轉直下的糾結與倉皇，可說是瞭解戰後初期復員工作、經濟活動以及政黨活動的極佳史料，已正式出版為《吳墉祥戰後日記》，為戰後經濟史研究一大福音。

1949 年來台後，除了初期短暫清算齊魯公司業務外，傳主以會計師執照維生。當時美援已進入台灣，1956 年起受聘為美國國際合作總署駐華安全分署之高級稽核，主要任務是負責美援項目的帳務查核，足跡遍及全台各地。1960 年代台灣經濟好轉，美援項目逐漸減少，至 1965 年美援結束，傳主改任職於中美合營之台達化學工業公司，擔任會計主任、財務長，直到 1976 年退休；國大代表的職務則保留至 1991 年退職。傳主長期服務於金融界，對銀行、會計及財務工作歷練豐富，這一點在《吳墉祥戰後日記》的價值中已充分顯露無遺。來台以後的《吳墉祥在台日記》，更是傳主親歷中華民國從美援中站穩腳步、再到出口擴張達成經濟奇蹟的各個階段，尤其遺留之詳實精采的日記，成為回顧戰台灣後經濟社會發展的寶貴文獻，其價值與意義，以下分別闡述之。

一

史料是瞭解歷史、探討過去的依據，故云「史料為史之組織細胞，史料不具或不確，則無復史之可言」（梁啟超，《中國歷史研究法》）。在晚近不斷推陳出新的史料類型中，日記無疑是備受歷史學家乃至社會各界重視的材料。相較於政府機關、公司團體所留下之日常文件檔案，日記恰好為個人在私領域中，日常生活留下的紀錄。固然有些日記內容側重公事、有些則抒發情懷，但就材料本身而言，仍然是一種私人立場的記述，不可貿然將之視為客觀史實。受到後現代主義的影響，日記成為研究者與傳主之間的鬥智遊戲。傳主寫下對事件的那一刻，必然帶有個人的想法立場，也帶有某些特別的目的，研究者必須能分辨這些立場與目的，從而探索傳主內心想法。也因此，日記史料之使用有良窳之別，需細細辯證。

那麼進一步說，該如何用使日記這類文獻呢？大致來說，良好的日記需要有三個條件，以發揮內在考證的作用：（1）日記之傳主應該有一定的社會代表性，且包含生平經歷，乃至行止足跡等應具體可供複驗。（2）日記須具備相當之時間跨度，足以呈現長時段的時空變化，且年月日之間的紀錄不宜經常跳躍脫漏。（3）日記本身的文字自然越詳細充實越理想，如此可以提供豐富素材，供來者進一步考辨比對。從上述三個條件來看，《吳墉祥在台日記》無疑是一部上佳的日記史料。

就代表社會性而言，傳主曾擔任省級銀行副總經理、總經理，又當選為國大代表；來台後先為執業會計師，復受聘在美援重要機構中服務，接著擔任大型企業財務長，無論學經歷、專業素養都具有相當代表性。藉由這部日記，我們可以在過去國家宏觀政策之外，以社會中層技術人員的視角，看到中美合作具體的執行情況，也能體會到這段時期的政治、經濟和社會變遷。

而在時間跨度方面，傳主自 1927 年投考中央黨務學校起，即有固定寫作日記的習慣，但因抗戰的緣故，早年日記已亡佚，現存日記自1945 年起，迄於 2000 年，時間跨度長達 55 年，僅 1954 年因蟲蛀損毀，其餘均無日間斷，其難能可貴不言可喻。即便 1945 年至 1976 年供職期間的日記，也長達 32 年，借助長時段的分析比對，我們可以對傳主的思想、心境、性格，乃至習慣等有所掌握，進而對日記中所紀錄的內容有更深層的掌握。

最重要的，是傳主每日的日記寫作極有條理，每則均加上「職務」、「師友」、「體質」「娛樂」、「家事」、「交際」、「游覽」等標題，每天日記或兩則或三則不等，顯示紀錄內容的多元。這些內容所反映的，不僅是公務上的專業會計師，更是時代變遷中的黨員、父親、國民。因此從日記的史料價值來看，《吳墉祥在台日記》能帶領我們，用豐富的角度重新體驗一遍戰後台灣的發展之路，也提供專業財經專家觀點以及可靠的事件觀察記錄，讓歷史研究者能細細品味 1951 年至 1976 年這 26 年間，種種宏觀與微觀的時代變遷。

二

戰後中華民國的各項成就中，最被世界所關注的，首推是 1980 年代前後台灣經濟奇蹟（Taiwan Economic Miracle）了。台灣經濟奇蹟的出現，有其政策與產業的背景，1950 年開始在美援協助下政府進行基礎建設與教育投資，配合進口替代政策發展國內產業。接著在1960年代起，推動投資獎勵與出口擴張、設立加工出口區，開啟經濟起飛的年代。由於經濟好轉，1963年起台灣已經累積出口外匯，開始逐步償還美援，在國際間被視為美援國家中的模範生，為少數能快速恢復經濟自主的案例。在這樣的時代背景中，美援與產業經營，成為分析台灣經濟奇蹟的關鍵。

《吳墉祥在台日記》中，傳主除了來台初期還擔任齊魯公司常務董事，負責清算業務外，直到1956年底多憑會計師執照維持生計，但業務並不多收入有限，反映此時台灣經濟仍未步上軌道，也顯示遷台初期社會物質匱乏的處境。1956年下半，負責監督美援計畫執行的駐華安全分署招聘稽核人員，傳主獲得錄用，成為美方在台雇用的職員。從日記中可以看到，美援與中美合作並非圓滑順暢，1956年11月6日有「中午王慕堂兄來訪，謂已聞悉安全分署對余之任用業已確定，以前在該署工作之中國人往往有不歡而散者，故須有最大之忍耐以與洋員相處云」，透露著該工作也不輕鬆，中美合作之間更有許多幽微之處值得再思考。

戰後初期美援在台灣的重大建設頗多，傳主任職期間往往要遠赴各地查帳，日記中記錄公務中所見美援支出項目的種種細節，這是過去探討此一課題時很少提到的。例如1958年4月前往中橫公路工程處查帳，30日的日記中發現「出於意外者則另有輔導會轉來三萬餘元之新開支，係輔導會組織一農業資源複勘團，在撥款時以單據抵現由公路局列帳者，可謂驢頭不對馬嘴矣。除已經設法查詢此事有無公事之根據外，當先將其單據內容加以審核, 發現內容凌亂，次序亦多顛倒，費時良久，始獲悉單據缺少一萬餘元，當交會計人員與該會再行核對」。中橫公路的經費由美援會提供公路局執行，並受美方監督。傳主任職的安全分署即為監督機構，從這次的查帳可以發現，對於執行單位來說，往往有經費互相挪用的便宜行事，甚至單據不清等問題，傳主查帳時一一指出這些問題乃為職責所在，亦能看到其一絲不苟的態度。1962 年 6 月 14 日傳主前往中華開發公司查帳時也注意到：「中華開發信託公司為一極特殊之構成，只有放款，並無存款，業務實為銀行，而又無銀行之名，以余見此情形，甚懷疑何以不能即由 AID（國際開發總署）及美援會等機構委託各銀行辦理，豈不省費省時？現開發公司待遇奇高，為全省之冠，開支浩大，何以必設此機構辦理放款，實難捉摸云」，顯然他也看到許多不合理之處，這些紀錄可提供未來探討美援運用、中美合作關係的更深一層面思考。

事實上，最值得討論的部分，是傳主在執行這些任務所表現出來的操守與堅持，以及這種道德精神。瞿宛文在《台灣戰後經濟發展的源起：後進發展的為何與如何》一書中強調，台灣經濟發展除了經濟層面的因素外，不能忽略經濟官僚的道德力量，特別是這些人經歷過大陸地區的失敗，故存在著迫切的內在動力，希望努力建設台灣以洗刷失敗的恥辱。這種精神不僅在高層官僚中存在，以傳主為代表的中層知識分子與專業人員，同樣存在著愛國思想、建設熱忱。這種愛國情懷不能單純以黨國視之，而是做為知識分子對近代以來國家認同發自內心的追求，這一點從日記中的許多事件細節的描述可以觀察到。

三

1951 年至 1965 年間，除了是台灣經濟由百廢待興轉向起飛的階段，也是政治社會上的重大轉折年代。政治上儘管處於戒嚴與動員戡亂時期，並未有太多自由，但許多知識分子仍然有自己的立場批評時政，特別是屬於私領域的日記，更是觀察這種態度的極佳媒介，從以下兩個小故事可以略窺一二。

1960 年頭一等的政治大事，是討論總統蔣中正是否能續任，還是應該交棒給時任副總統的陳誠？依照憲法規定，總統連選得連任一次，在蔣已於 1954 年連任一次的情況下，不少社會領袖呼籲應該放棄再度連任以建立憲政典範。然而國民大會先於 3 月 11 日通過臨時條款，無視憲法條文規定，同意在特殊情況下蔣得以第二度連任。因此到了 3 月 21 日正式投票當天，傳主在日記中寫下：

> 上午，到中山堂參加國民大會第三次會議第一次選舉大會，本日議程為選舉總統……蓋只圈選蔣總統一人，並無競選乃至陪選者，亦徒具純粹之形式而已。又昨晚接黨團幹事會通知，囑一致投票支持，此亦為不可思議之事……開出圈選蔣總統者 1481 票，另 28 票未圈，等於空白票，此皆為預料中之

> 結果，於是街頭鞭炮齊鳴，學生遊行於途，電台廣播特別節目，一切皆為預定之安排，雖甚隆重，而實則平淡也。

這段記述以當事人身分，重現了三連任的爭議。對於選舉總統一事也表現出許多知識分子的批評，認為徒具形式，特別是「雖甚隆重，而實則平淡也」可以品味出當時滑稽、無奈的複雜心情。

1959 年 8 月初，因颱風過境造成中南部豪雨成災，為二十世紀台灣最大規模的天災之一，日記中對此提到：「本月七日台中台南一帶暴雨成災，政府及人民已展開救災運動，因災情慘重，財產損失逾十億，死傷在二十五萬人左右（連殃及數在內），政府正做長期計畫，今日起禁屠八天，分署會計處同人發起募捐賑災，余照最高數捐二百元」。時隔一週後，傳主長女即將赴美國留學，需要繳交的保證金為 300 元，由此可知八七水災中認捐數額絕非小數。

日記的特點在於，多數時候它是傳主個人抒發內心情緒的平台，並非提供他人瀏覽的公開版，因此在日記中往往能寫下當事人心中真正想法。上述兩個小例子，顯示在政治上傳主充滿愛國情操，樂於發揮人溺己溺的精神援助他人；但他也對徒具形式的政治大戲興趣缺缺，甚至個人紀錄字裡行間均頗具批判意識。基於這樣的理解，我們對於《吳墉祥在台日記》，可以進行更豐富細緻的考察，一方面同情與理解傳主的心情；另方面在藉由他的眼光，觀察過去所發生的大小事件。

四

然而必須承認的是，願意與傳主鬥智鬥力，投入時間心力的歷史研究者，並非日記最大的讀者群體。對日記感興趣者，更多是作家、編劇、文人乃至一般社會大眾，透過日記的閱讀，體驗另一個人的生命經歷，不僅開拓視野，也豐富我們的情感。確實，《吳墉祥在台日記》不單單是一位會計師、財金專家的工作紀錄簿而已，更是一位丈夫、六名子女的父親、奉公守法的好公民，以及一個「且認他鄉作故鄉」（陳寅恪詩〈憶故居〉）的旅人。藉由閱讀這份日記，令人感受到的是內斂情感、自我紀律，以及愛國熱情，這是屬於那個時代的回憶。

歷史的意義在於，唯有藉由認識過去，我們才得以了解現在；了解現在，才能預測未來。在諸多認識過去的方法中，能承載傳主一生精神、豐富閱歷與跌宕人生旅程的日記，是進入門檻較低而閱讀趣味極高的絕佳媒介。《吳墉祥在台日記》可以是歷史學者重新思考戰後台灣經濟發展、政治社會變遷不同面向的史料，也是能啟發小說家、劇作家們編寫創作的素材。總而言之，對閱讀歷史的熱情，並不局限於象牙塔、更非專屬於少數人，近年來大量出版的各類日記，只要願意嘗試接觸，它們將提供讀者無數關於過去的細節與經驗，足供做為將我們推向未來的原動力。

編輯凡例

一、吳墉祥日記現存自1945 年至 2000 年，本次出版為 1951 年以後。

二、古字、罕用字、簡字、通同字，在不影響文意下，改以現行字標示。

三、難以辨識字體或遭蟲蛀，以■表示。

四、部分內容涉及家屬隱私，略予刪節，恕不一一標注。

日記照片選錄

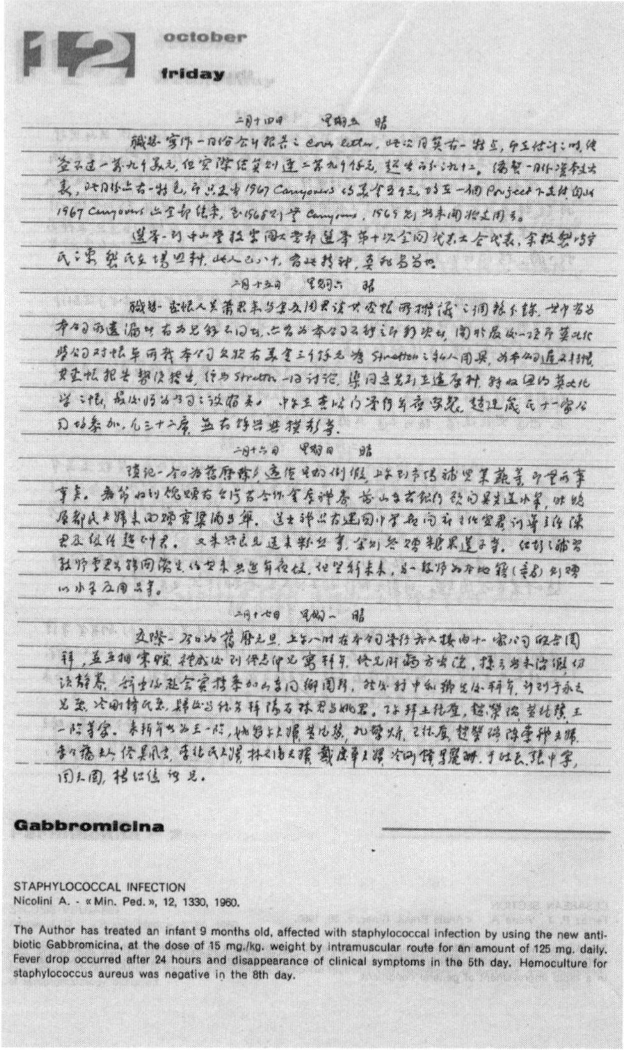

12 october friday

二月十四日 星期五 晴

二月十五日 星期六 晴

二月十六日 星期日 晴

二月十七日 星期一 晴

Gabbromicina

STAPHYLOCOCCAL INFECTION
Nicolini A. - «Min. Ped.», 12, 1330, 1960.

The Author has treated an infant 9 months old, affected with staphylococcal infection by using the new antibiotic Gabbromicina, at the dose of 15 mg./kg. weight by intramuscular route for an amount of 125 mg. daily. Fever drop occurred after 24 hours and disappearance of clinical symptoms in the 5th day. Hemoculture for staphylococcus aureus was negative in the 8th day.

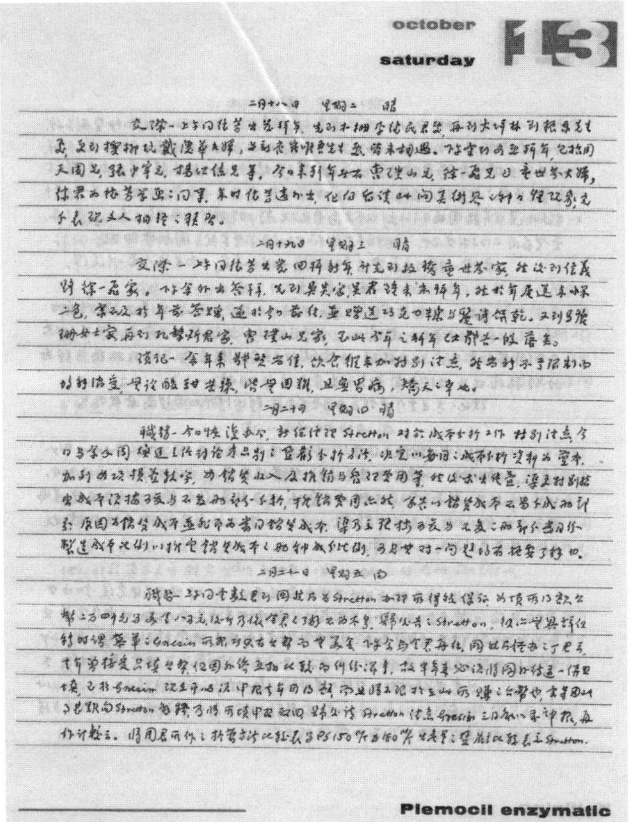
october
saturday
13
Plemocil enzymatic
PANCREATIC DYSFUNCTION
Borelli P. L., Cairella M. - « Epatologia », 6, 207, 1960.
The Authors conducted a study with Triolein, I131 on variations in the digestive function and absorption of lipids, as induced by the administration of Plemocil enzymatic. The hematic index of I131 and of the quota related to the lipo-proteic fraction presents in normal subjects and in subjects with pancreatic dyspepsia a characteristic progress, indicative of a gradual and more physiologic intestinal absorption of the lipid, after administration of Plemocil enzymatic. Furthermore, fecal elimination of I131 shows how the drug produces a better absorption and more complete utilization of triolein.

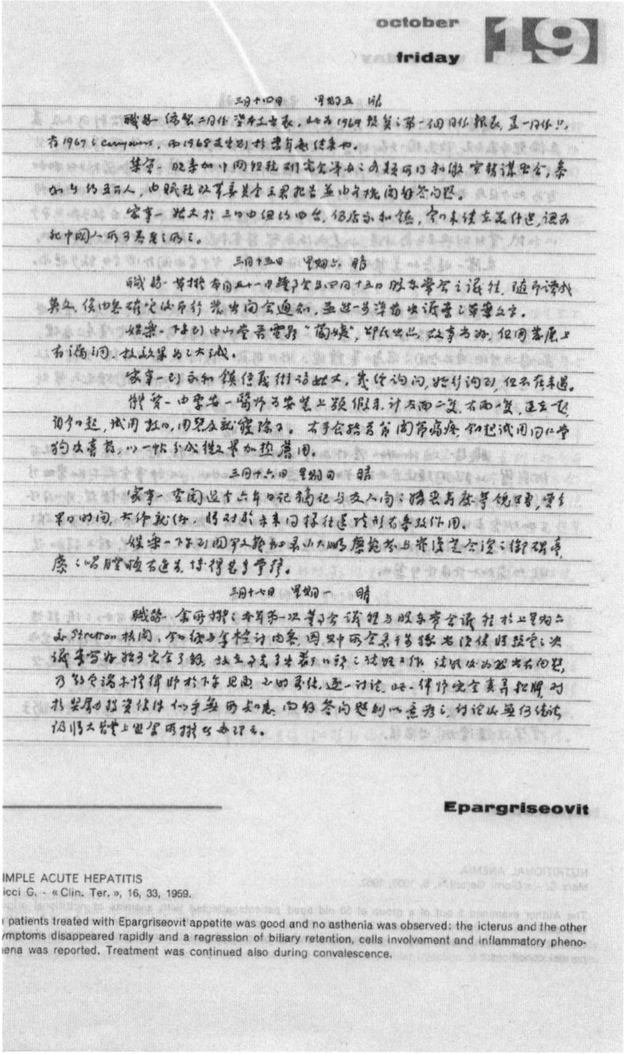
october
friday
19

Epargriseovit

IMPLE ACUTE HEPATITIS
icci G. - «Clin. Ter.», 16, 33, 1959.
patients treated with Epargriseovit appetite was good and no asthenia was observed: the icterus and the other ymptoms disappeared rapidly and a regression of biliary retention, cells involvement and inflammatory phenoena was reported. Treatment was continued also during convalescence.

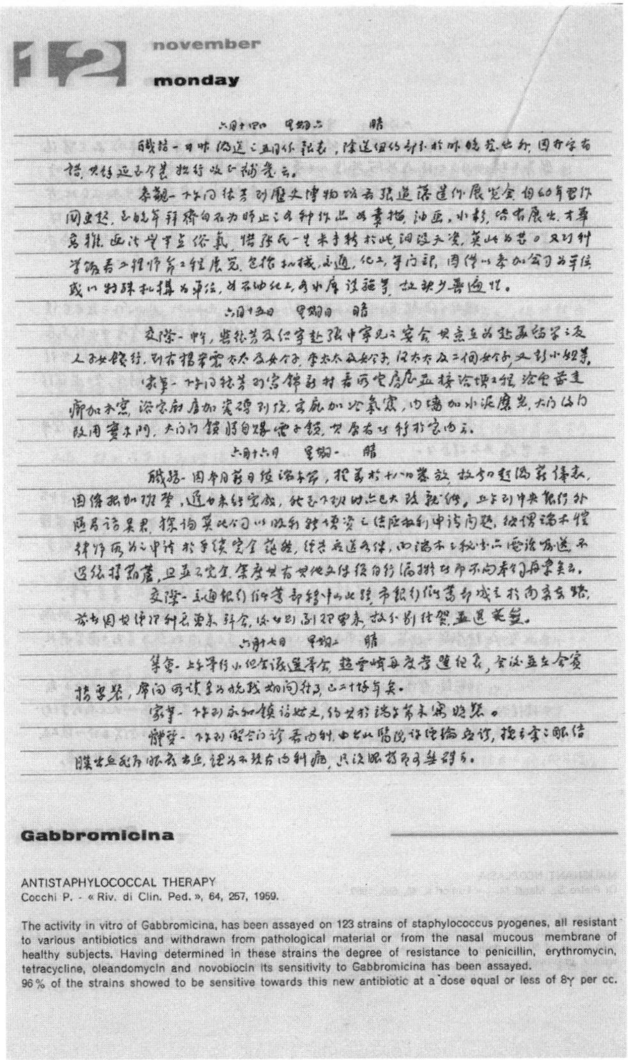

12 november

monday

六月十四日 星期六 晴

六月十五日 星期日 晴

六月十六日 星期一 晴

六月十七日 星期二 晴

Gabbromicina

ANTISTAPHYLOCOCCAL THERAPY
Cocchi P. - « Riv. di Clin. Ped. », 64, 257, 1959.

The activity in vitro of Gabbromicina, has been assayed on 123 strains of staphylococcus pyogenes, all resistant to various antibiotics and withdrawn from pathological material or from the nasal mucous membrane of healthy subjects. Having determined in these strains the degree of resistance to penicillin, erythromycin, tetracycline, oleandomycin and novobiocin its sensitivity to Gabbromicina has been assayed.
96 % of the strains showed to be sensitive towards this new antibiotic at a dose equal or less of 8γ per cc.

26 **november**
monday

八月九日 星期六 晴 下午大雨

職務－年來累積之舊存資料漸已不易容納，乃加以整理，將重複或不復有用者撕毀，尚存者只一小部分而正式之報表，已用去不少時間，同時亦引起不少之回憶，尤其數年來所製各種分析表格，多為依據主管方面之臨時需要或一時之思慮，或以因當時遭遇之困擾而作，在當時亦嘗不惜空心思以赴，然事過境遷，回頭對照，明日黃花，不復掛齒，因思年來所費心血，當乃有有知有不知，余個別亦有憶有未憶，不禁感慨係之矣。

八月十日 星期日 晴 陣雨

閱讀－閱傳記文學八月號看過數篇，可以懷念。讀再青詞說明當徐樹錚之法事，不但文情並茂，而且作者與所傳之人皆為行伍出身，而一則文采風流，一則入為將帥，以視士大夫行徑，寫下不可同日而語，詢足驚人深省也。徐氏於二十六年抗戰後歸國，其家人為完其未竟之事每每以徐氏為遺一假信，數十年不懈，用心之苦，亦足將以忠孝二者合一，不可貳者也。

娛樂－（補作）日前看電影「金石盟」（Half Penny），輕鬆諷刺之喜劇。

八月十一日 星期一 陣雨

職務－編製七月份 Capital Expenditure Report，實際支出數字仍係根據工程會計課表冊所列之未完工程明細帳餘額資料，該項資料雖將每一期之細數開列，然全依未必之為未完工程總帳加以核對，不久前因核對時發現其中有若干細數加以查核，發現相同之細數太低，以為必有漏帳，但與其主辦之人仔細研究，則知係未計到者，即囑按 AFE 到時間先再對了。

八月十二日 星期二 晴 陣雨

職務－寫作七月份之送組織之會計報表公函，僅完其二分之二，此因銷貨資料已隨完成，此部分須與其他類之比較，又須按月累計，過去多年均多累計數，且此種表格式之數字，打字時亦極為費時，故先行交打字員開始打，第三項則須待明日銷貨總帳交出後，作最後決定，始可寫出也。寫作本月份之分析用工作報告，照例將上月工作分為財務與會計兩方面寫出，大體已經完成，只待本月份之損益數字比較分析，須待月報表於明後日有數據將予補入，此項報月資料本須逐月加以個別，但因七月起於年中以後準行會報，可以提供一個參考而已。

Vinilone

HEMOPHILIA
Battistoni L. - « Riv. Pat. Clin. », 3, 1948.

The treatment of hemophilia with a 3.5% solution of polyvinylpyrrolidone (Vinilone) in conjunction with thromboplastin is still the most efficacious method of handling this hemorrhagic diathesis. The rapid improvement achieved can be ascribed both to the coagulating action of thromboplastin and to the presence of the polyvinylpyrrolidone which prolongs the therapeutical effect by a reduces the permeability of the blood capillaries thus arresting the attacks of hemmorhage.

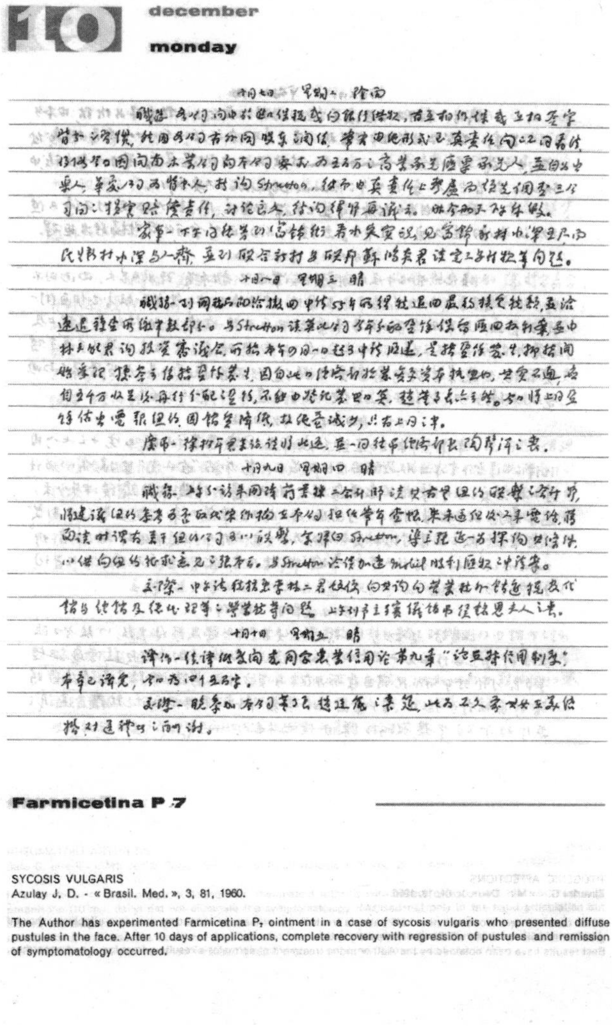
10 december

monday

Farmicetina P 7

SYCOSIS VULGARIS
Azulay J. D. - « Brasil. Med. », 3, 81, 1960.

The Author has experimented Farmicetina P, ointment in a case of sycosis vulgaris who presented diffuse pustules in the face. After 10 days of applications, complete recovery with regression of pustules and remission of symptomatology occurred.

目　錄

1969 年（61 歲）

1 月 1 日　星期三　陰雨

元旦

上午十時到中山堂參加新年團拜，由蔣總統主持，宣讀告軍民書，文字內容多甚艱澀，故讀來吃力。放假兩天，銀行三天。

師友

上午到宏恩醫院看崔唯吾先生病，情況良好。趙榮瑞兄來訪，不遇，承贈日記本與日曆多種。

交際

崔玖小姐與彭守志今日在法院公證結婚，下午在國賓飯店十二樓舉行酒會款客，余與德芳往賀，事先並與女師同學多人合送家庭用品。

1 月 2 日　星期四　陰雨

師友

上週馬賓農君詢余是否有意就一新成立之電子公司之 Controller 職務一事，余經考慮決定多一事不如少一事，每月待遇一、二千元之差別實無多少之重要性也，然此事頗願介紹友人往任，乃於下午到中正路訪佟志伸兄，詢其是否有意，不遇，歸途遇其夫人，乃將來意簡述，請佟兄考慮後以電話與余討論云。

1月3日　星期五　雨

職務

編製去年下半年扣繳所得稅申報表，此表本應於去年底編製，但因發放年終獎金，直至三十日始行決定，而其他之支出亦不乏扣繳之情形，至年底始行結束，乃不得不於年假後開始云。新任總經理 Stretton 安排自下週起正式辦公，今日研究各項有關事項，主要為付款之情形，決定支票簽章仍仿馬副總經理以前之辦法，以簽字或蓋章為之，乃先往定刻牙章備用，至於支出傳票，彼將逐一核定，收入與轉帳傳票為求了解內容，亦將為相當時期之過目，又傳票本無英文，余告以傳票摘要欄之英文文字非製票人所能勝任，只能遇有特殊情形之帳項由余補入英文說明，此事說來容易，迨實行時恐難免有若干難以達意之帳項也。

1月4日　星期六　雨

職務

繼續準備所得稅扣繳申報，填寫部分扣繳憑單，乃屬於所謂權利金部分，實際為對於新聞記者之津貼，行之已久，最近余由所得稅法令解釋發現此種個人之技藝性報酬不必扣繳，以前稅捐處主按權利金扣繳，完全曲解也。

師友

晚，石鍾琇兄來訪，彼將競選第十次全國代表大會代表，余告以已允裴鳴宇之請，只好待將近開會如裴票太多時，臨時請其改變也。

1月5日　星期日　雨

體質

近日體魄正常，余本每月向國民大會秘書處索取公教保險醫療證明單一張，備必要使用時，可不必臨時倉促先索該單，即可就診，十二月份之診療單即無機會可以使用，乃退回秘書處，至余之每月必作此準備者，因以前曾有臨時難以往取之經驗，久之無形中似有成見，即在有備之時大體可以無患，如不作準備即難免發生臨時之需要，天下事固常常如此也。

1月6日　星期一　陰

職務

自今日起新任總經理 Stretton 開始執行職務，並發布各階層權責之劃分，其中最困難者為傳票之簽蓋，過去傳票為中文說明，僅科目有英文譯文，而製票之孔君無法運用英文，故余在蓋章時須另加譯文，有時他事相間，此傳票即須延擱良久，今日為一傳票支付花旗銀行十二月利息，該行之 credit note 並不提及借款餘額，而只提積數若干，彼不能了解，經由孔君將算法另行列出，彼看後始略有所悟，然仍不能澈悟也。寫作十二月份工作報告，備提本月份會報之用，此次財務事項多，而會計事項極少，為歷來所未有。

交際

晚，參加外資單位會計人員聚餐，此次為由輝瑞藥廠召集。

1月7日　星期二　晴

職務

下午舉行與美孚公司聯席會議，主題為該公司香港來人對於該台灣分公司與本公司訂約代銷貨品發貨後三個月須將貨款付清一節，認為不能由顧客收足轉清，該公司必須墊款，利息損失甚大，乃會商確定 Credit Policy，經商定為福美林三個半月，其他產品三個月，其間香港方面有若干分析資料繁複而不能扼要，不如余所分析之去年一至五月每家每月為幾個月之簡單具體，亦可怪矣。

交際

晚請美孚香港、台北兩公司人員聚宴，由 Stretton 為主人。

1月8日　星期三　晴

職務

新任總經理 Stretton 將於二十日舉行酒會，銀行方面皆有發出請柬之名單，余於下午到交通、花旗兩銀行與王慕堂、楊鴻游兩兄開列此項名單，一面另行開列其他各銀行經、副理之名單云。本公司規定工作滿二年休假七天，滿三年十四天，但又規定滿兩年之當年殘期至年底為一年，但次年在未滿三年前又不能休假十四天，仍然為七天，算至年底，至次年始為十四天，不倫不類，實甚費解，今日辨難良久，無結果。

1 月 9 日　星期四　晴

職務

Stretton 依 Kinsella 口頭見解，謂外人在台三個月內不納所得稅，但彼一到公司余即扣繳，彼於昨日赴高雄廠前，留字囑加以核對，余於今日到國稅局訪主管股方君詢問，彼謂絕無此事，適 Stark 亦到公司洽談，余亦以之相詢，彼亦云如此，然因此多出若干週折，可見出言不可不慎也。今日將十二月盈餘預估以電報拍紐約，此月增提呆帳準備一萬美元，原因為增轉銷呆帳近萬元。開出各銀行負責人名單交總務處，備提慕華公司為 Stretton 準備舉行酒會。

1 月 10 日　星期五　晴

職務

去年下半年之綜合所得稅扣繳資料今日作最後之整理，分成第一、第二、第三與第四聯，於下午到管區稽徵所辦理申報，事先雖經一再核對，屆時仍被承辦之潘君發現若干漏填之處，幸因潘君一向相識，臨時加填補報，得以應付過去，雖今日為最後一天，申報者擁擠不堪，然因潘君特別幫忙，得以不生枝節，辦理完竣。

師友

王慕堂兄曾託代向財政部查詢其退休申請事，余以電話託朱興良兄在部內向主管方面隨時注意。

1月11日　星期六　晴

職務

新總經理 Stretton 自高雄回台北，立即有若干事務待向解釋，如外國人所得稅是否有九十天不扣，如上星期囑作之每日 Cash Flow Statement 已有周君編就，又如今日須支付李長榮公司之福美林銷貨應找算之業務費，以及明日發紐約之報告前月份盈餘電報內容，以及估計之算法等均是，關於本公司與長春與李長榮間之聯合內銷福美林一案，內容極為複雜，彼亦不厭求詳加以尋根究底焉。

1月12日　星期日　雨

體質

右下牙床最後臼齒假牙之下生極大之口瘡，已數日不敢咀嚼，只賴左面殘齒應付，幾乎等於半囫圇吞食。今日因右頰腫痛，服消炎片二次。

參觀

午前同德芳參觀畫學會展覽會，皆為生手作品，除一、二幅外，皆不佳。

家事

回紹南、紹中信，因餘存款事遲遲不能決定，乃順應紹南意，假定總數為美金九千元，以半數為余與德芳有，另半數分為二人有，紹中將於四月底結婚，給五百元。

1 月 13 日　星期一　雨

職務

舉行本月份業務會報，今日為 Stretton 總經理參加之首次，彼雖口稱不勉強使用英文，然因彼不識中文，為免翻譯之煩，自然皆只好說英語矣。本日之會除報告外，討論事項亦有數項，其中與會計、財務有關者為成品之呆存者如何處理問題，此事為余兩月前所提，高雄廠於今日提出清單，乃假定之處理方式，余因查帳人員建議在未處理以前最好在年底預列若干損失，以免虛列盤存價額，故亦將此事提出，認為意思甚好，但甚不易獲得折減帳面之計算基礎，故討論無結果，容再研究云。

1 月 14 日　星期二　雨

職務

十二月份之公司損益極感動蕩，余在本月九日電告紐約估計為純益八十萬元，今日實際數字顯示由於部分產品之成本估計偏低，而實際成本則由於固定製造費用之特殊項目太多，以致相差達三十餘萬元，乃急加重新計算，結果找出若干應收未收項目如退稅等，補作分錄，略予抵銷云。

娛樂

晚，與德芳到今日世界看楊麗花主演歌仔戲「路遙知馬力」，表演甚自然，惟因情節簡單，不能有深刻之表情耳。

1月15日　星期三　雨

職務

由於查帳人員建議，將難銷之成品三種之成本價抑低，今日與史載頓與葛維培討論方法，決定削低九萬四千元，以致十二月份結帳盈餘只餘三十四萬元，全年盈餘八百八十萬元，決算結果立以電報致紐約。Stretton因接紐約電詢，此次增資申請案對於莫比公司之權益有無顧到，又在稅賦方面有無影響，稅率為何，余將要點為之說明，起稿作復，彼則反復尋繹，主張就獎勵投資法規逐一列表，以示本公司之適用法規情形，並請會計師加以研究，可謂小題大做矣。

1月16日　星期四　陰雨

職務

寫作十二月份送紐約之業務報表分析函，此一函件送Stretton看後大體無異辭，僅認為成本提高之因素須再具體指明，於是加入二新句，指出袁廠長旅費及Stark技術費占去18萬元，為最重要之項目。今日在分析十二月份產量及其與預算之差異，因累計欄適滿一年，乃與全年預算比較餘絀，發現過去每月之累計餘絀計算有誤，因只按月累計，未將預算數與實際數另作核對，因而錯誤未經發現，雖年終調至相符，然此一缺點在來年務須注意改正焉。

1 月 17 日　星期五　陰

職務

編製一月份薪津表，本月份起按組織部門排列，姓名並加註英文，以供新總經理之審閱。昨日所擬十二月份會計報表之發紐約公函今日打好待發，忽經新總經理 Stretton 發現所開最高最低的平均產品單價內銷外銷相同，經核對後知為余在編寫時誤抄，所以致此為編表時中間常因他事受阻，且原始資料順序不同，引用時即難免錯誤也。核算去年所得稅，列入新製之十二月份報表，因每月所提有超出之事，故不能再加，且予減列。晚，花旗銀行約 Stretton 及葛副總經理與余在藍天吃飯，該行又重提去年已經協議之歸還其器材貸款之方案，當時本已同意器材部分照五年分期，Knowhow 部分提前於一次歸還，但該行忽又主張須全部歸還，但可再借。

1 月 18 日　星期六　晴

職務

高雄交通銀行貸款透支五百萬元與保稅契約一千萬元，均已滿期，並將新簽之續約連同倉庫租賃合約與押品提供申明書一併簽好，送高雄廠囑其再加用開南保證人姚心一之名章後轉交該行。

1 月 19 日　星期日　晴

家事

本月二十三日為姑母逝世五週年紀念，今日為假期，且喜不雨，與德芳前往展墓並獻花，見墓側衰草迷離，憶其子孫無在台祭掃，為之傷神久之，下山後到下城訪看墓人，未遇，對其家人留言，有意在空地除草種花木，並加建圍牆，望先估價，並互換電話，以便接洽，此事俟初步有結果時，當函在紐約之表妹，徵求意見，始為定局。

1月20日　星期一　晴

職務

前日發出會計月報表並未包括資本支出月報表，原因為十二月份之表列金額必須與年報表內之新增之資產餘額相符，但經數日來高秀月君之核算，始終有些微差異，而完全尋出，實費時太多，乃採往年辦法，將差額在十二月份報表內調整，以與帳列結果之年報表相符，好在差額只台幣二萬餘元，在全年八百餘萬元內僅微數耳。

交際

晚，到圓山飯店參加新總經理之酒會招待工作，主人為 Mobil Chemical 之 Gnesin 與本公司趙廷箴，客人凡三百餘人，酒多而食少，二小時散。

1月21日　星期二　晴

職務

昨日大意，未將應付票據八十餘萬在軋計頭寸時計入，下班時合作金庫通知存款不足，臨時張羅不及，幸賴該庫臨時挪借，得以渡過，今日乃到花旗銀行借入款項，然後送到該庫，並補一天利息。與袁廠長及潘永珍君編製今年資本支出分月預算，完成後余再改編為分季預算，計分 Authorization 與 Expenditure 兩部分，以備答復紐約方面之來電。連日事務太雜，以致軋計頭寸之事有此失誤，三年來此為初次，今後當切實注意也。

1月22日　星期三　晴

職務

複核周君所編之本公司一九六八年年報表，余對其中最注意者為 Analysis of Unappropriated Surplus 與 Appropriated Surplus 表，蓋因表內須先將法定公積金由前段移至後段，但資產負債表則須至股東會通過後始得提撥，緣是有差額須加說明也。

師友

晚，朱興良兄來訪，將於春間為其父母百年冥壽有所舉動，約余為徵文發起人之一，並談其經濟狀況，仍然不見好轉云。

1月23日　星期四　晴

職務

送紐約年報表內有保險費與賠償報告表一種，此表須依在途原料、出口費用、預付保險費、應收賠償款等科目帳之數字加以分析後，始可彙計，今日以半日之力將此表製成。本公司申請聚苯乙烯五年免稅，前日由國稅局轉到行政院令，謂本公司未依核定方法製造，如非強詞奪理，即為顢頇糊塗，余今日寫復文一件予以駁斥，說明行政院所核定者即本公司現產之出品，晚與林天明君同約財部科長林劍雄君先行交換意見，林君對文字無異辭，僅主直接呈院，以副本送各機關。

1月24日　星期五　晴

職務

Stretton 為明瞭本公司所能享受之投資利益，曾主張託會計師將項目開出，今日程寶嘉君將項目開出，余並根據其所列項目將本公司之實際情況用比較方式加以列舉，製成大表一張，交其核閱，彼於閱後詢余會計師要否公費，余告以自然不免開帳，但不致太多，彼謂其所開者為余等所已知，應不致索值太高云，余唯唯，此等事乃先所能預見，然彼非此不可，事後又有意省錢，亦奇談也。年終考績案於今日發表，本處同仁多照余所擬核定，並加給新名義。

1月25日　星期六　晴

職務

Stretton 約程寶嘉會計師來談有關公司受獎勵投資利益之種類，以其所開各項為藍本，逐一推敲，實際早已與余談過，且參考法令，大致了解，今日並無新獲也。年報表於今日打好，由余簽字發出，但因 Stretton 須逐一過目，故今日仍不能付郵，而預定須昨日到紐約也。

交際

晚，與德芳參加田孑敏兄之次子述正結婚宴於空軍新生社。

1月26日　星期日　晴

參觀

上午到科學館參觀現代醫學展覽會，範圍甚廣，但因地少人多，不易詳細省覽，只得走馬看花而已。

娛樂

下午看小大鵬國劇公演，由王麗雲、高蕙蘭合演孔雀東南飛，此為王之初次主演如此繁重戲本，尚能應付裕如，且唱腔亦多不易之處。

1月27日　星期一　晴

職務

與葛副總經理及長達公司陳卿玉經理談該公司業務情形，連日彼等與長春及李長榮等公司負責人有甚頻繁之接觸，以代董事會與股東會，其中最重要者為加大平時費用，降低盈餘，以免所得稅負擔太重，蓋去年長達盈餘一百餘萬元，所得稅即須繳四十萬也，今日又商定監察人查核帳目辦法，余決定於下月一日赴苗栗辦理，並囑陳君與另一監察人接洽，或重定時間，亦無不可云。

集會

午，舉行陽明山小組會，由焦保權主持，並推選陳建中君為組長。

1月28日　星期二　晴

職務

此次造送紐約之年報表自編成至送出，可謂一波三折，先是周煥廷君於二十三日編好，余於二十四日趕加複核，並備函將發，而 Stretton 又欲再看一過，於是至昨日始准發出，迨今日上午，秘書又云昨日因該表六份均連厚紙封面，航空須一千二百餘元，今日為節運費遂託西北航空公司空運，運費亦用去八百餘元，希望不致延誤。

集會

晚，參加經濟座談會，由王道君報告訪問非洲三數國家之經過，認非洲各國人煙稀少而蘊藏極富，將來希望無窮云。

1月29日　星期三　晴

職務

本公司新任總經理 Stretton 任事一月，其重點似在於充分了解各項已有之情況，而隨時將要點報告紐約，而尤致意於人事方面，據葛副總經理云，彼平時幾乎無日無對紐約之報告，其實紐約方面負責人多不欲以太多之報告向本公司索取，今公司之負責人竟以此為最重要之事，殊不可思議也。本公司與慕華聯合舉行之酒會，已經結算，每家負擔近新台幣二萬元，所費不貲。新年後尚未簽付一個 AFE，而買進模子，亟待付款，乃以權宜方式先作預付款項。

1 月 30 日　星期四　晴

職務

編製第四季產銷季報表送中華開發信託公司，在編製時因須採用每月編送紐約之產銷數字，以致經詳核後發現十二月份送紐約之數字仍然有錯誤，但現在已過半月，紐約尚無反應，足見該資料未必有何積極之用途，故亦不再去函更正矣。Stretton 忽對福利委員會有興趣，詢問該會內容，不厭求詳，經就所知相告，然仍有若干事項非詢工廠無由答復者。

交際

牟尚齋兄之子在中美文經協會結婚，余攜紹彭參加。

1 月 31 日　星期五　雨

職務

最近 Stretton 囑作之按月產品別盈虧分析，已於今日由周煥廷君編製完成，其中最難了解者為聚苯乙烯之外銷居然有利，內銷則反無利，其中必有特別因素，絕非正常現象也。稅捐處中山分處囑查核 53 年間之營業額十一筆，依據發票存根與帳上核對，完全相符，據云係由對方漏帳所發生，但余仍不解何以距今五年始行發覺。國稅局與稅捐處潘文雄、林士勛二君來訪，告綜合所得稅緩扣複查案已奉准財政部規定原則，不久可以解決云。

2月1日　星期六　雨

職務

赴苗栗長達公司查核其去年之帳務，余為代表台達公司之監察人，另一由台北前往者為陳信雄君，代表李長榮公司為監察人，該公司去年半年決算盈餘一百五十餘萬元，資本一百萬元，對外全無負債，如此營業，即台達早年之黃金時代亦不足過也，長達帳簿組織甚詳備，若干紀錄且已超過實際需要，大可簡化，然謂係當地稅捐稽徵處所要求，亦只好聽之而已。今日查帳只為形式，實際上已將查帳證明列入無形股東會紀錄之內矣。

2月2日　星期日　晴

家事

上午同德芳到富錦街看所訂購富錦新村房屋，該處之三樓房屋隔間已完成，但尚未粉水泥，改用之鋁窗已加裝，此房因係邊間，前面、側面俱無其他建築，故極為軒敞。又到民生新村看所訂一樓房屋，四層中尚未完成三層，故隔間尚待進行，此處房屋進展甚速，特點為有地下避難室，事實上平時可由一層住用人使用也。

2月3日　星期一　晴

職務

Stretton 今日忽又發奇想，對於獎勵投資條例所定合於獎勵標準之生產事業可以減交所得稅百之十一節，認為並非不能適用於非五年免稅之產品，此為再四盤問之問題，於是再作一次說明，謂福美林在五年免稅期滿之時已由類目剷除，故不能減徵百分之十，彼再看條例譯文，仍然將信將疑，余因說明已嫌太多，故不再多言，聽之而已，又彼對於獎勵事業不得徵過百分之十八一節，亦再三發問，仍不能釋然，明日將再行談此，余知此一問題最為複雜，故一向不肯多言，只簡答其向來未超過18%，事實上雖不錯，但算法有時亦涉及25%，內容非片言可罄，只好不憚繁瑣矣。寫作本月份提會報之工作報告，余對目前公司之情緒殊不佳，伏案疾書，中心殊痛苦也。

2月4日　星期二　雨

職務

編製本月份Payroll，因本月份為調整待遇後第一次發薪，須包括一月份補發數及再度折發現金之不休假代金，以及少數人員之考績獎金，內容甚為複雜，故編時極費心思，且因此次Stretton將對每人發出計算清單一份，此清單由汪秘書打字，余須供給各項發放數與扣除數，又須將考績獎金除外，故此一payroll之內容須針對各項需要，其中有不擬由汪得悉之數字則於複寫時隔成空白，且將總數重新計算一過，作為彼之參考，因此種種，故起稿後一改再改，最後始為確定。

2月5日　星期三　晴

職務

為向行政院抗議批駁本公司聚苯乙烯五年免稅申請

之呈文內容問題，新總經理 Stretton 於留置原稿十餘日後，今日約蔡六乘律師會談，決定仍用余所擬稿。

交際

晚，約各外資公司會計人員宴會，此次為本公司輪值，菜品極佳。

師友

張景文兄來訪，請提供押品為其子作保向合會借款，余與其數年未晤，不知其究係何種情形，故當時未置可否。

2月6日　星期四　晴

職務

為 Stretton 編寫致每一同仁之加薪通知信，由汪君先行將姓名打好，然後由余將其中二月份數，一月份加發數，不休假獎金數，又扣除各數，一一列入，然後得一淨數，即為本月份所發之現金數。稅捐處來洽補扣繳 56 年支領佣金人員之營業稅，此為節外生枝而極端擾民之事，然彼等固優為之也。長達公司經理來送一月份董監事待遇，本年起數目又增，而非屬個人所得，將來之所得稅問題極為複雜也。

師友

張景文兄來電話詢押款事，余因不知其若干年來之情況，故婉謝之。

2月7日　星期五　晴

職務

今日辦理一月份盈餘估計，電報紐約，余照例用上月份成本單價計算，結果純益低於預算，Stretton乃追溯至上月份之成本情形，上月份成本特高，於是彼認為十一月份之估計為最近實際，於是乃決定改採十一月份之成本單價，結果純益為之增加二十餘萬元，此人往往某一事上特別用心，此其一端也。數日來所編之payroll，因內容包括項目太多，故採極為審慎之態度，直至今日始最後定稿，交Stretton簽字，並將支票開出送第一銀行。

2月8日　星期六　晴

職務

編寫去年下半年本處工作提要，就每月所寫之報告加以濃縮，並加兩期末之資產負債餘額比較，大體上俱有減少，而淨值則有增加。今日週末零星事務太多，直至中午始勉強處理竣事，另由高秀月君協助編成三個半年之損益比較表，以上二者均為提下星期一業務會議之資料。

師友

晚，陳長興兄來訪，談在新竹所任成本會計書本問題。

娛樂

下午到中山堂看電影，凌波、關山主演烽火萬里情，尚佳。

2月9日　星期日　晴

交際

中午，裘鳴宇在會賓樓宴客，在座多為國民大會代表，到凡四十餘人，裘氏對余在山東不肯阿附省府主席王耀武一事，又重複提出讚揚，其實此乃應當之作風，特一般皆不能為也。

2月10日　星期一　晴

旅行

三時到高，工廠因余病後方愈，派徐、王二君迎接，下車到會場，一片歡聲，余為之暗暗稱愧，移時報告工作，感甚吃力，晚參加聚餐，並徇同仁意見，未飲烈性之酒。

2月11日　星期二　晴

職務

上午到高雄廠舉行與美孚公司之聯席業務會議，本公司總副經理與業務人員及其他有關人員十餘人出席，直至十二時半始竟，其中有關退稅退貨問題，余曾表示意見，請對客戶手續特別注意。

旅行

下午四時三刻與紹因到高雄火車站乘觀光號北返，此車據云因調度問題不能準時開出，直至六時始開，十二時始到台北，乘坐之位置離車門太近，沿途吹風流涕，極為不適，且感疲倦特甚。

2月12日　星期三　晴

職務

到花旗銀行交涉其最近為本公司收到國外出口貨款美金二萬一千餘元不做為歸還貸款一事，蓋此款本應歸還同額外銷貸款，但該行云因係越南之美援外匯，須向中央銀行申請始可，乃有意將台幣結轉本公司，但本公司近來頭寸極寬，余不肯接受，今日交涉結果，該行允代為向中央銀行申請。

交際

到彰化銀行訪朱興良兄，答贈禮品，不遇，留字。

2月13日　星期四　晴

職務

長達公司陳卿玉經理來送該公司去年分發董監事紅利、酬勞金等，經葛副總經理與趙董事長言明，均先存入葛君所開銀行專戶，備六月底將股份由七個代表人移入台達公司後，再轉入投資收益帳。去年底年報表前只打出半數，余寄紐約，今日再將另一半打好裝訂好，並將應送 Sycip 查帳員之一份送往。

交際

晚與林天明兄請財部林健雄科長吃飯，再談本公司聚苯乙烯五年免稅事，希望行政院發還重議勿再生枝節。

2月14日　星期五　晴

職務

寫作一月份會計報告之 cover letter，此次月算有一特點，即在估計之時，純益不過一萬九千美元，但實際結算則達二萬九千餘元，超出百分之九十二。編製一月份資本支出表，此月份亦有一特色，即只支出 1967 Carryovers 約美金五千元，均在一個 Project 下支付，自此 1967 Carryovers 亦全部結束，至 1968 年則無 Carryovers，1969 則尚未開始支用云。

選舉

到中山堂投票國大黨部選舉第十次全國代表大會代表，余投裴鳴宇氏之票，裴氏在場照料，此人已八十，有此精神，真非易易也。

2月15日　星期六　晴

職務

查帳人員蕭君來與余及周君談其查帳所擬議之調整分錄，其中有為本公司所遺漏者，有為見解不同者，亦有為本公司不能立即解決者，關於最後一項即莫比化學公司對帳單所載本公司欠款有美金三千餘元為 Stretton 之私人用具，如本公司遲不轉帳，其查帳報告勢須指出，經與 Stretton 一同討論，渠同意先列在途原料，轉收紐約莫比化學之帳，最後將為公司之設備矣。中午在喜臨門舉行年夜聚餐，趙廷箴氏十一家公司均參加，凡三十二席，並有餘興與摸彩等。

2 月 16 日　星期日　晴

瑣記

今日為舊曆除夕，適值星期例假，上午到市場補買菜蔬等，即無所事事矣。春節收到餽贈有台灣省合作金庫禮券，前山東省銀行顧問吳炎送水果，昨晚原都民夫婦來面贈高粱酒與傘。送出禮品有建國中學夜間部主任宣君、訓導主任陳君及級任趙正中君。又朱興良兄送來粉絲等，余則答贈糖果、蓮子等。紹彭之補習教師李君為韓國僑生，約其來共進年夜飯，但堅辭未來。另一教師為本地籍（童君），則贈以水果及用品等。

2 月 17 日　星期一　晴

交際

今日為舊曆元旦，上午八時在本公司舉行本大樓內十一家公司聯合團拜，並互相寒暄。禮成後到佟志伸兄寓拜年，佟兄肝病方出院，據云尚未銷假，仍須靜養，辭出後赴會賓樓參加山東同鄉團拜，後轉中和鄉先後拜年，計到于永之兄處、冷剛鋒氏處，歸後與德芳拜鄰右林君與姚君。下午拜王德垕、趙榮瑞、黃德馨、王一臨等家。來拜年者為王一臨、姚冠午夫婦、黃德馨、孔繁炘、王德垕、趙榮瑞、陳崇禮夫婦、李公藩夫人、佟吳風言、李德民夫婦、林石濤夫婦、戴慶華夫婦、冷剛鋒、馬麗珊、于政長、張中寧、周天固、楊紹億諸兄。

2月18日　星期二　晴

交際

上午，同德芳出發拜年，先到木柵李德民君處，再到大坪林劉振東先生處，更到檳榔坑戴慶華夫婦，與新店崔唯吾先生處，皆未相遇。下午余到各處拜年，包括周天固兄、張中寧兄、楊紹億兄等。今日來拜年者有曹璞山兄、徐一飛君及童世芬夫婦，徐君為德芳學畫之同學，來時德芳適外出，但仍留談此間美術界之種種怪現象，充分表現文人相輕之積習。

2月19日　星期三　晴

交際

上午同德芳出發回拜新年，計先到板橋童世芬家，然後到信義路徐一飛家。下午外出答拜，先到吳炎寓，吳君雖未來拜年，然於年尾送來水果二色，余不及於年前答贈，遂於今日前往，並贈送巧克力糖與麗詩餅乾。又到馬麗珊女士家，再到孔繁炘君家、曹璞山兄家，至此今年之拜年已大體告一段落矣。

瑣記

余年來體質尚佳，飲食縱未加特別注意，然尚能不予限制而均能消受，無論酸甜苦辣，皆無困難，且無胃病，矯天之幸也。

2月20日　星期四　晴

職務

今日恢復辦公，新總經理 Stretton 對於成本分析工作特別注意，今日與余及周煥廷主任討論產品別之盈虧分析方法，決定以每月之成本分析資料為藍本，加列各項損益數字，如銷貨收入及推銷與管理費用等，然後求出純益，渠更特別指出成本須按可變與不變兩部分分析，推銷費用亦然，余告以銷貨成本不易分成兩部分，原因為銷貨成本並非即為當月銷貨成本，渠乃主張按可變與不變之兩部分當月份製造成本比例以推定銷貨成本之兩種成分比例，可見其對一問題均有扼要了解也。

2 月 21 日　星期五　雨

職務

上午同金毅君到國稅局為 Stretton 辦理所得稅保證，為填所得額台幣二萬四千元與美金八百元，後者乃依金君之了解不為太多，歸後告之 Stretton，彼亦無異辭，但移時謂慕華之 Gnesin 所報者只有台幣而無美金，下午余與金君再往，國稅局經辦之丁君云，去年曾接受只填台幣，但因外僑互相比較而糾紛滋多，故半年來必須將國外待遇一併照填，至於 Gnesin 現在即必須申報去年所得額，而且將不限於在此所賺之台幣也，余等因此事甚難向 Stretton 解釋，乃將所填申報取回，歸後請 Stretton 注意 Gnesin 三月底以前之申報，再作計較云。將周君所作之折舊方法比較表與 PS 150T/M 與 180T/M 生產量之盈虧比較表交 Stretton。

2月22日　星期六　雨

職務

日昨 Stretton 囑作聚苯乙烯月產 150 公噸與 180 公噸兩種盈虧分析，經於昨日由周君作好交卷，今晨余與之討論，渠對於各成本項目逐一分析，不厭求詳，謂目的在確定香港售價是否改定云。著手由帳內分析去年採購之資本項目，歸入去年藍色申報之 25% 擴充設備免稅項下，以備申請並報入今年藍色申報，此為無辦法中之辦法，蓋去年報國稅局之計劃至今未向行政機關申請，所列項目大部未動工，延候至再，毫無眉目，不得已求其次也。稅捐處來補徵代扣佣金營業稅，周內苛細之至。

交際

晚到中泰賓館參加王讓千嫁女喜筵，大雨如注，門前一片泥濘。

2月23日　星期日　晴

師友

上午到龍泉街 86 巷 41 號陳果夫師母處慰問其傷足，並贈新台幣一千元，此為張中寧兄所建議者。下午舉行黨校同學聚餐，凡三席，到師長有王世杰、谷正綱、余井塘三氏，均有致詞，對於健神強身，三致意焉。上午到板橋自強新村訪韓兆岐兄，回拜新年，韓兄日前曾來，未能相晤。

瑣記

在五金行買鐵片兩個直角形，歸後修理兩用沙發，居然成功。

2月24日　星期一　雨

職務

審閱 Stretton 所交之審核案件即工務處所擬之 High Impact Polystyrene 生產計劃，其內容包括設備項目與營業損益等項，另依其所擬之單位成本，計算未來數年之損益情形，大體均有盈餘，余所能審閱者僅為其項目有無遺漏，是否合理，但對於所列之金額是否與實況相符，又非經過調查不能知曉，故此項審查只在形式上為限耳。

2月25日　星期二　雨

職務

宋作楠會計師事務所查核本公司五十七年帳目已經完竣，今日由其主管之 Perez 與蕭君來與 Stretton 與余商討其查帳報告內容，費時二小時始行完畢，其中對於本公司之債務情形，敘述頗多事實，經余予以指出，決定修改，又關於報告之印製份數，余認為較多為宜，俾股東大會亦可分送而不須複印，乃決定增為三十份。下午與 Stretton 及葛副總經理與翟總工程師及潘工程師討論擬議中之 High Impact Polystyrene 設廠計劃，此計劃內容甚複雜，會議中余對其所計算之成本與損益頗有修正意見，決定會後再作商討云。

2月26日　星期三　陰

職務

Stretton 囑編製一項股本與盈餘分析，以月產 150 公噸與 180 公噸為基礎計算每噸之實際成本與其 Incremental cost 及 incremental profit，經周君一再計算，一再修改，及余之一再討論，今日始告交卷。另一按二產品分析之每月盈虧表，亦於今日告成，交其參考。又有關於本公司與華夏塑膠公司互相擔任對銀行申請保稅之本票背書人一事，依 Stretton 意見由余寫一備忘錄交彼參考，同時以 copy 交查帳公司 Sycip 據以詳細說明其查帳報告內之 contingent liability 一段。

2月27日　星期四　雨

職務

與本公司各聯繫公司對於原料關稅記帳進口，有互相出具背書本票請銀行擔保之習慣，Stretton 發覺本公司曾為華夏塑膠擔保 2,400 萬元，囑余調查其內容，余將此事有關各項詢明即寫一備忘錄交其核閱，但彼又認為不夠詳細，乃又往訪華夏陳武雄君查閱文卷，並加以補充說明。因緩扣股東所得稅案風聞有核定 55 年份之消息，乃將可以據以申請 56 與 57 兩年之還債內容加以列舉，大約至三月間即可還清而向稅局申請發行緩扣股票矣。

2月28日　星期五　雨

職務

為 Stretton 寫出關於公司間用本票背書方式，互相擔保進口關稅記帳原料之詳細內容，將昨日之備忘錄加以充實。Stretton 做事有一極誤事之習慣，即對於不能立即決定之事項往往在手上延擱不放，即如高雄廠之 Pilot plant 計劃，原已送來計劃為全部列入 AFE 內，Stretton 認為最宜擇要逐一舉辦，不宜併入一個計劃內，高雄廠依此原則又將其中一項較大者分列送來 AFE，彼仍認有問題，遲不解決，此人對於資本支出別有其見解，不知何以一而再的如此踟躕也。

3月1日　星期六　雨

職務

本公司總代銷美孚公司之香港管轄公司，對於本公司銷貨辦理用一種以IBM機器編製之分析表，凡三種，一為逐戶名額與貨款天數表，二為逐戶購貨金額數量累計表，三為產品別數量金額累計表，似甚周詳，然余今日核其總數量與金額與本公司帳列有異，其二、三兩表之總額亦互不相符，當係表之編製基礎有偏差也。

家事

童世芬夫婦來談下月四日紹中與童紳結婚此間宴客有關事項，彼此意見大致相同，談後並與德芳約其到李園吃涮羊肉，並至車站送其回板橋。

3月2日　星期日　陰雨

瑣記

近日體質無甚異象，有之即夜間有時因飲水太多而須起床二次，此為年老現象之一，又辦公不覺疲倦，但對於有時上四層樓頗有畏難之感，飲食方面則一任自然，僅對於蛋類與肥肉則儘量少吃，牙齒則自壞牙拔除後，咀嚼雖不能過細，然已無不能以冷熱食品進口或食不下嚥之現象，惟如長此不裝假牙，將難免消化不良囫圇吞吃之惡果也。

3月3日　星期一　陰雨

職務

本月十日高雄廠之綜合保險到期，為確定續保保額，乃分析一月底之固定資產與原料成品餘額，並擬定一項方案，預定將固定資產增保四百萬元，全廠保險五千萬元，即可足夠，算好後乃寫一 memo 請 Stretton 決定，彼不問情由，立即書寫彼之意見，謂何不保 Replacement 險額，如有危險將以何力量重建？其實此乃極老之問題，每次均洽詢保險公司，均不得要領，今日仍與友聯保險公司通電話，仍然不得要領。

3 月 4 日　星期二　陰雨

職務

寫作二月份工作報告，備提本月十日業務會報，此次除報告事項外，尚有討論事項，即請各關係部門速行結束代 Mobil 試製之 Cap Wrap，俾本公司可以向該公司收回所墊設備款二十餘萬元。關於去年所得稅藍色申報所生枝節問題，即以 1966 年盈餘用於 1967 年擴充設備如期完成之證明未能早送國稅局，致遭補徵稅款一案之複查不准通知已到本公司，將循訴願程序，請求救濟，其間曾有華夏謝廠長代為交涉之事，主張送國稅局一科長二百元，余遲遲不辦，原因為既入訴願程序，今後為財政部之事，一科長無能為力，且公司內中外共同負責，余雅不願多負無謂之責任也。

3 月 5 日　星期三　陰曇

職務

為二月份工作報告增加討論事項第二案，即請從速清結應收帳款，此係依照十二月份應收帳款之分析表，發現十二月底以前三個月之帳款俱已收清，未清部分為美孚代銷項下由該公司統一承擔者，此外即為零星七、八家之半年以上應收帳款，顯見懸欠已久，夜長夢多，乃將此中七筆列成一表，提至會議。

交際

晚，外資單位會計人員舉行聚餐，余與慕華會計經理鄧漢生君談該公司保險情形以作參考。

3月6日　星期四　陰

職務

為本公司與華夏公司之互相擔保進口關稅事，Stretton 仍再繼續檢討得失，並發現新的事實，緣前日余向葛副總經理查詢本公司為華夏保證若干，渠只查出一筆，但 Stretton 與華夏洋人核對，其中竟有三筆，且有一筆彼自云且曾簽字，余乃與葛副總經理再行核對，始知渠有遺漏，此事易引起洋人懷疑，宜避免也。

體質

到聯合門診中心由張新湘醫師為余電燒頭上之息肉，雖皆為小塊，然多至十處，經一一燒除，雖略痛疼，然比用麻藥為愈也。

3月7日　星期五　陰雨

職務

樓上美寧公司派其會計主任來研討分配股利與所得稅有關問題等。55 年以未分配盈餘作擴充設備完工證明一案，決定以訴願步驟向財政部請求救濟，並約程寶嘉會計師於今日來作初步商談，彼將文卷帶回查考。寫成有關與樓上各公司互相擔任本票背書向銀行擔保關稅一案之說明，並面送 Stretton 加以檢討，彼對內容已有明瞭，但要求華夏公司將本公司之背書本票製成影本交來存查。預估二月份盈餘，並電報紐約，大約為二萬二千元美金，估計方法自本月起將 PS 加工品亦採上月實際成本計算。

3月8日　星期六　晴

職務

上午舉行小組會，討論關於聚苯乙烯加工工廠之分批盈虧計算問題，由本處與業務處工務處及高雄廠副廠長同加討論，事先由周煥廷君將一月份之分批成品逐批加以分析，每批計表三張，一為全部之售價與成本分擔費用，最後結出盈虧，第二、三兩張則為成本內容之分析，及其與預算之比較，又單價與預算單價之比較，計共十案，逐一檢討預算與實際之差別內容，甚有意義，最後並討論一般性之問題，如模子折舊次數問題，每批製造溢額問題，以及如何運用已有資料按每部機器計算其 Rate of Return 問題等，會議費去整個半天。

3月9日　星期日　陣雨

體質

到李安一牙醫診所洽詢上面假牙已否可以安裝，因拔除病牙已三個半月矣，診斷後認為已可安裝，經即製成模型，決定左面二只，右面一只，牙齒左右相連，加橫樑繫之，如現在所用下面假牙相似。

參觀

到藝術館看香港教授徐達之書畫展，以花鳥居多，間有臨八大小品水墨，書卷氣極重。到歷史博物館看梁鼎銘畫展，以人物史事為主，畫馬亦多。

3月10日　星期一　晴陣雨

職務

本公司去年三月股東會曾議決以前年未分配盈餘25% 用於擴充生產設備，並經國稅局免列入所得三百萬元，但當時所通過之項目至今大部分未曾實施，以致遲遲不能申請，現在月底藍色申報以前必須提出建設廳核准之擴充計劃，萬難再延，經連日來之檢討，決定就今年六月底以前已做與可做之工程請工務處開列，勉湊三百萬元，決定開單迅作申請。下午開本月份業務會議，討論事項不多，多屬報告事項，余於報告後提出兩案，一為從速結束 Cap Wrap 計劃以便向紐約 Mobil Chemical 洽收墊支設備款新台幣二十餘萬元，二為半年前之應收帳款有懸宕現象，請速決定洽收云。

3月11日　星期二　雨

職務

上午與趙廷箴及 Stretton 討論去年之盈餘分配問題，初步決定將以 120 萬元分派現金股利，使莫比公司得以試行匯出其股利於國外，至於轉增資部分仍然照最大可能以適用獎勵投資條例第七、八兩條，又為分派股利與增資案之決定，將於月底舉行董事會，下月半舉行股東會。下午與美孚公司開聯席會議，討論推銷業務，余並提出該公司所來之 Debit Note 對於若干客戶不易收回之帳款如何轉帳，決定由美孚將其中已收回之部分另行剔除，重列新表，以便處理。

3 月 12 日　星期三　晴

職務

上午與 Stretton 討論有關即將舉行之董事會與股東會有關事項，余先提出其中之中心問題，即去年盈餘分配案，除若干一般項目外，余主張增資六百萬元，以二百萬元為擴充設備免稅額，以四百萬元為緩扣股東所得稅優待額，Stretton 認為紐約方面或有意留部分盈餘為流動性者，不予增資，但彼不知其真正意向，結果亦只有暫照余之擬議提出。下午到花旗銀行借外銷貸款一百萬元，立即轉合作金庫為撥款高雄廠之用，由於時間已過交換時間，故經與合作金庫特別接觸，由該庫將支票專送票據交換所，以便當天抵用。

3 月 13 日　星期四　晴

職務

將昨日所擬之盈餘分配案，按全體股東名單加以計算，大體上以五千萬股份分配四百萬緩扣股與二百萬通常股，均可以分成整股，僅有王文山等三人之股份因為數太少致須三人統籌分配。上月份之月結表已結出，比預算之損益為高，但比本月七日之估計為低，當寫作分析公函，分別將銷貨情形加以說明，交打字員於明日送紐約，在計算之時因四捨五入關係，又須配合按日累計數，取捨之間，煞費斟酌。

3月14日　星期五　晴

職務

編製二月份資本支出表，此為 1969 預算之第一個月份報表，蓋一月份只有 1967 之 carryovers，1968 支出則於當年底結束也。

集會

晚，參加中國租稅研究會舉辦之各類所得扣繳實務講習會，參加者約五百人，由賦稅改革委員會王君報告，並由各機關解答問題。

家事

姑丈於三日由紐約回台，仍居永和鎮，今日來談在美經過，認為非中國人所可養老之所云。

3月15日　星期六　晴

職務

草擬本月三十一日董事會與四月十五日股東常會之議程，隨即譯成英文，俟略確定後即行發出開會通知，並進一步準備決議案之草案文字。

娛樂

下午到中山堂看電影「蘭姨」，邵氏出品，故事尚好，但因發展上有漏洞，故效果為之大減。

家事

到永和鎮信義街訪姑丈，幾經詢問，始行尋到，但不在，未遇。

體質

由李安一醫師為安裝上顎假牙，計左面二隻、右面一隻，連在一起，自今日起，試用數日，用餐及就寢除之。右手食指首節關節痛疼，今日起試用同仁堂狗皮膏藥，以一帖分成微量加熱敷用。

3 月 16 日　星期日　晴

家事

查閱過去六年日記摘記與友人間之婚喪壽慶等餽贈，費去半日時間，大體就緒，將對於未來同樣往還情形有參考作用。

娛樂

下午到國軍文藝中心看小大鵬廖苑芬與崔復芝合演之御碑亭，廖之唱腔極有進步，博得甚多掌聲。

3 月 17 日　星期一　晴

職務

余所擬之本年第一次董事會議程與股東常會議程，於上星期六交 Stretton 核閱，今日彼與余檢討內容，因其中所含若干步驟尚須俟將預定之決議案寫好始可完全了解，故在事先多出若干口頭之說明工作，說明後唯恐尚有問題，乃約定端木愷律師於下午見面，至時前往，逐一討論，此一律師完全賣弄招牌，對於獎勵投資條件似乎無所知悉，而解答問題則以意為之，討論後無何結論，仍將大體上照余所擬者辦理云。

3月18日　星期二　晴

職務

今日趕編三月份薪津表，用於全日之時間，始克完成，實始料所不及，蓋在編製本表之先，須先用一分表，計算依照新扣繳率應補扣一、二兩月份所得稅若干，其法須先算出依新規定兩個月之本薪為扣繳若干，再加所發獎金應扣若干，二者相加即為兩個月應扣繳之數，然後再將一、二兩月份已扣繳若干，算好列成一欄，以兩欄相減，即為應補扣之數，而其中仍有特別情形者，即按新法扣繳反少，凡有稅可扣者，即予以扣抵，無者則延至年底申退，此表成後再製薪金本表，凡數皆為新數，故甚費時間也。

交際

晚，參加美援公署會計處同仁聚餐，其中有由國外回台者，較少晤面。

3月19日　星期三　晴

職務

今日起編 Stretton 所需要之二種表格，一為各項固定資產之原價與折舊後餘額，以供投保火險之參考，二為聚苯乙烯加工廠各項固定資產之原價，並將與其他產品合用之倉庫等價值。昨日所編薪俸表發現有錯，其錯為三人間連環性者，緣在二月份發給不休假獎金時，其中有孔繁炘與周煥廷、王昱子等三人互相顛倒，以致三人同時有錯，殊為繁瑣。

3 月 20 日　星期四　晴

職務

上月 Stretton 囑作兩種 Depreciation 之比較，據以計算對所得稅有何影響，此事交周煥廷君辦理，今日交卷，當即轉 Stretton，此種事全為不知當地情形之玄想，然費去時間甚多也。昨日所作之薪俸表，今日又發現有其他錯誤，即一月份之加班費未計入，以致計算所得稅未能計入，此數有關數人，連同昨日未計算正確之未請假獎金，均待四月份調整，為免屆時遺忘，經就每人之計算表格上詳加說明，以備加入下月份計算也。

3 月 21 日　星期五　晴

職務

寫作最近舉行之董事會決議案草案，其項目以上星期所擬之議程為主，文字則參考過去各次董事會之紀錄。瑣事太多，事務積壓日甚，上項董事會資料即應完成準備，但至今無成。稅捐處來人洽詢支付 knowhow 之情形，將徵收扣繳營業稅，其實此事極端勉強，不知其何以竟如此曲解，而又不問數目鉅細，一味聚斂。

娛樂

晚，參觀實踐研究院 21-25 期聯歡平劇，由王復蓉演拾玉鐲，李金粲演鎮澶州，皆甚佳。

3月22日　星期六　晴

職務

將昨日所寫之董事會決議案草案今日全部譯成英文，即交總經理 Stretton，彼之作法為將此項內容先函紐約商量，然後始作為定案，留待正式會議作為決議之參考。此中共有七案，將來股東大會有六案相同，餘一案為關於董事長之費用，將不提股東會，而另以修改章程文字一案加入，亦為七案云。

師友

下午王慕堂兄來訪，談在交通銀行退休已成事實，領到退休金暫存交通銀行，有意另買股票等運用，余建議其似仍以存款為宜。

3月23日　星期日　晴

家事

德芳六十年來初次患牙疾，前在薛醫師處補牙，收效甚微，今日余陪其就診於李安一醫師，經詳細檢查，認為其問題另有所在，然為慎重起見，須先照 X 光後，再行決定如何治療。

體質

李安一醫師所裝上顎假牙，日來飲食時已開始使用，大體尚屬合用，但有左面部分仍嫌略高，但為恐不能適度的修改，故今日未往診視。

3月24日　星期一　晴

職務

繼續草擬最近股東大會之假定議決案案文，此項案文與董事會者相似，僅其口氣不同耳。又準備此二種文件之中文本，結果有出乎意料之外者，即余已將董事會部分寫好後，發現前日已經寫好，今日之工作乃屬重複，有幸股東大會方面尚未寫作，而兩會之內容大體相同，乃將董事會者改為股東會，尚未完全浪費時間耳。現在所準備之兩會議案各為七件，僅有第七案不同，在董事會通過趙董事長之個人費用，實為個人報酬，在股東為修改章程內之資本總額一項。

瑣記

以電話與富錦新村蘇鴻炎兄洽定房屋尾款用遠期支票支付。

3月25日　星期二　晴

職務

下午同 Stretton 到蔡六乘律師處，談即將舉行之董事會與股東會之議程與決議案草案內容，大體上余所擬者俱無問題，但蔡氏對於以下各事提出意見：(1) 董事長之報酬應在股東會討論，但如顧慮打草驚蛇，即不列入亦可，免其紀錄為稅務機關發現而生枝節也；(2) 端木律師所主張之增資決議以莫比公司取得結匯權為條件，此事端木應已明白，或與經濟部從速洽明，增資決議應無條件也。

師友

晚，朱興良兄來訪，談已接到紹中結婚之喜帖，故來詢問詳情。

3月26日　星期三　晴

職務

若干政府機關須向工商界調查營業資料，其時間多集中於此時，因年度方過也，余一兩月來極其忙碌，藍色申報尚未著手，只得申請延長時日為五月十五日，亦以等待紐約方面來人舉行股東會，今日利用喘息之餘為政府機關所填報表之有限期者趕填，計完成兩項，其一為外貿會之外匯調查表，其另一為經濟部之普查表，限於月底前造送，尤其後者最甚，因其尚有每季數字，必須逐月算填也。現在公司股東會與申請免稅等事皆在極度混亂之中，而事事取決無有主宰之紐約，有時真令人有無計可施之感也。

3月27日　星期四　晴

職務

與趙董事長及 Stretton 討論關於最近舉行董事會與股東會之期限與議程等問題，結果對余所擬議者經再度檢討，認為毫無問題。趕填對外匯貿易當局與建設廳之報告表，此為一年一次者，皆集中於此一段時間，其中數字必須由各種簿冊帳表內設法查填，費時極多也。

娛樂

晚同德芳到藝術館看台大崑曲社彩排，張惠新春香鬧學，姚秋蓉、王詔文遊園驚夢，沈灘、張惠新、蔣潔之斷橋，均佳，驚夢之二十四花神尤出色。

3月28日　星期五　晴

職務

台灣省建設廳今日核准本公司申請以去年藍色申報請准之以25%純益擴充設備應於今年報國稅局已奉核准之擴充計劃，此一核准極為適時，蓋如無此核准，即須於今年藍色申報先補稅也。

欣賞

實踐刊胡純俞作「明日」甚發人深省：「昨日之日棄我去，明日之日為我留，為我留者日新月異創境界，棄我去者飄飄羽化消煩憂，君不見黃河水，從天到海滾滾流，海上熱浪連風起，騰雲飛回崑崙邱，又不見天上月，盈虛消長何時休，下則河嶽識神燈，上則星河泛虛舟，昨日已去未必去，明日欲來未必酬，去來無定位，復始為一周，久暫無定時，一瞬為千秋，鵬飛南天鷃雀笑，萍飄方塘乾坤浮，昨日榮辱兩不記，何心還為明日謀。」

3月29日　星期六　雨

師友

張中寧夫婦來訪，主要為面送紹中結婚之賀禮一千元。

參觀

晚同德芳、紹寧參觀工業展覽會，凡有七個陳列館，極有頭緒，院內則為攤位，惜只為零星物品及少數食品而已。

3月30日　星期日　雨

瑣記

本地信教人士黃春才君之業餘時間與金錢幾全用於各種宗教活動，且常常到余寓約兒女輩往參加其禮拜等，今日又來，由余接談，此人之基礎雖淺，然凡事一切歸於耶穌基督與神的旨意，故精神狀態極度安定，而每次前來則為全家祈福，每次則皆然，其熱情亦可感也。

3月31日　星期一　陰雨

職務

為召開股東會與董事會，余擬成致紐約徵求對於議案之意見之函稿一件，今日經加以潤色後交史載敦總經理再加斟酌，彼對於原已同意之議決草案忽又不能明瞭，最後經解說後始能了解，並將內容再行加入新資料，使對方便於分析，決定於今日發出。

體質

右食指發生第一關節痛疼，貼膏藥半月，收效甚微，今日到聯合門診由陳守仁醫師診斷，認為風濕性者居多，先照X光，再進一步診療。

4月1日 星期二 晴

職務

上午與保險公司代表舉行會談，Stretton之意在貫徹其改變保險保額採用Replacement Value之主張，但該來談者仍然毫無寸進，蓋保險公司仍然保持其以折舊後之餘額加以物價指數之修正範圍，而Stretton之目的則為萬一發生大患，應以賠款建成新廠也，最後決定用保險公司之方法，在一週內向國外探詢究竟可否如此承保，再作計議。

家事

紹中四月四日在華府結婚，同日此間宴請親友，漸漸收到禮品，有未發請柬而送禮者，故事先由童宅所印卡片不甚足用，只好以餐廳普通請帖代之矣。

4月2日 星期三 晴

職務

上午舉行會議，討論如何執行去冬Mobil查帳員Kusako之查帳報告建議事項，已完成其半，其中大部分為應由余草擬答復之事項。上午又與台灣產物保險公司高君討論本公司高雄廠按Replacement Value保火險之問題，彼將與國外同業討論，故尚無結果。

師友

晚，劉允中總稽核來訪，余不在寓，僅通電話，此來為送禮紹中喜事。

交際

晚，參加外資公司會計人員聚餐，所討論者多為新所得稅扣繳問題。

4月3日　星期四　晴陣雨

職務

上午繼續開會檢討 Kusako 之查帳報告，並決定若干應辦事項，決於下月份先寫一份送紐約之報告，以後再陸續將辦理之事項逐月報告云。稅捐處發單囑補扣挪威 Plastic Export Co. 之 Knowhow 費的營業稅三萬餘元，余詢慕華公司，知該公司係先繳半數然後申請複查，余乃依照成例辦理，申請之公文完全依據營業稅法辦理，蓋國外之營利事業非有代理人在國內，根本不扣營業稅，而本公司所付 Knowhow 費係匯款前往，根本無代理人也。

體質

到聯合門診，由陳存仁醫師看右食指痛疼，據云 X 光顯示骨節無問題，只須吃藥及用加熱局部使血液活絡即可云。

4月4日　星期五　雨

家事

紹中與童紳今日在美京華盛頓結婚，此間由雙方家長柬邀在台友好，在狀元樓舉行宴會，計到客人二十二席，雙方各半，我方所邀者多為十餘年來有喜事曾來相邀者，另外加入少數必須邀請之平時最接近之親友，筵席及招待則皆由童宅準備。至時嘉賓雲集，頗極一時之盛，余事先發出請柬百餘左右，除三、四份無所反應外，其餘皆到，亦有不到而事先來當面解釋者，所收禮物多為現款，亦有少數為紀念品。今日並將此一喜事在中央日報刊登啟事，見報前來補行道賀者有黃德馨兄。

4 月 5 日　星期六　陰

職務

高雄廠朱課長來核對上月成本資料，並檢討本公司上次莫比公司查帳建議事項有關工廠之部分，又討論將來盤存等事項。總務處依照上述查帳建議之原則擬成零用金管理事項，經余加以複核，認為不夠明確，尤其該處金君竟主張將零用金開戶存入銀行，可謂不可思議，經將余之意見寫出送回請加考慮。

家事

上記昨日黃德馨兄來補行送賀事，應為今日之事。

4 月 6 日　星期日　晴

師友

上午到喬修梁兄家看其手術後瘤疾情形，並贈食品，又同德芳到新店看崔唯吾先生病，不遇。到大坪林看牟尚齋兄病，前日余之喜宴彼未參加，現已痊愈。

家事

晚，童世芬夫婦來訪，結束紹中與童紳喜事宴客帳目，經以當日所收之禮金支付費用後，以不足之數由雙方自收之禮金填補，童兄並送余生日禮品衣料，另德芳亦衣料一件，至於喜事餘款三千七百餘元及禮品將寄新人夫婦，童兄所自辦者亦同。

4月7日 星期一 晴

職務

本公司有若干由供應商或航空公司而來之回扣，過去皆用於不能出帳之支出，一年前因有經濟官員張光宗借款，致將此一部分之現金借去，久借不還，今日公司已決定將此帳勾消，且更增加一部現款用於張君等之協助核准聚苯乙烯管制進口之官員，此款係由三個月來所收內銷投資長達公司所收以董監事報酬為名之營業盈餘而來，於是由此一存款內播出，一部分歸還回扣帳，一部分葛副總經理支配運用，余詢葛君此事應否向 Stretton 說明，彼云最後請趙董事長說明云。

4月8日 星期二 晴

職務

今日預估上月份盈虧，較預算高出甚多，Stretton 總經理認為照實際結算不能達成目標，將引起紐約方面之歧見，然倉促間又無良好修正之方法，乃決定略加修正後發出，待下半月詳細商討較切實際之預估方法，

娛樂

高銓兄送輔仁大學國劇社公演券二張，晚與德芳往觀，凡四齣，皆由學生飾演，一為拾玉鐲，做工極到家，三角色無一鬆懈，為今晚最佳之作，二為三娘教子，青衣嗓音好，而唸白不佳，老生則好，三為武家坡，平平，四為大登殿，青衣極有天賦，甚佳。

4 月 9 日　星期三　晴

職務

醞釀半年之增資變更登記，經趙董事長探悉將遭駁回，理由有二，一為特別公積金不應發現金股利，二為擴充營業項目須於變更登記申請前，先申請外資項目之變更，趙氏託樓上譚季多君往探詢，經洽定特別公積金多轉入累積盈餘而以一部分作為分紅，於今年再行將特別公積金多轉之一百萬元如數轉回，則今年申請增資之預定方案即減除一百萬元，好在均無所得稅，無甚影響。第二項為營業項目，譚君將詢其可否在修正章程之文字略加含蓄，可解為並不擴充營業項目，如能獲准，即不必再補冗長之手續云。

4 月 10 日　星期四　晴

職務

本公司五千萬增資案連日發生之問題為：(1) 經濟部官員認為變更營業項目須先向僑外資審議會變更，再辦登記，(2) 特別公積一百萬仍轉回原科目，不得用於分紅。今日急轉直下，居然公文送到，執照亦送到，指示修改章程事不准，而特別公積須轉回，至此告一段落。未來問題為章程如不修改，美孚公司是否敢委建貯槽，又轉回特別公積只能在今年為之，因去年無從追回，且為數不足增資也。寫作工作報告，備提出於十五日之會報，此次所寫三月份工作，較為簡單。

4月11日　星期五　晴

職務

為紐約莫比公司填成各銀行存放款情形調查表，共計七份，於今日發送紐約。舉行與美孚公司聯席會，討論有關代理業務，其中有該公司數次開來之 Debit Notes，因內容大有問題，不能轉帳，經該公司來人帶回處理。

家事

紹寧向美國 Georgia 大學申請入學許可已准，但獎學金無著，其學校關係人員提供資料，謂有台大同學梁君在該校修博士，將於暑假告終，該君由台北扶輪社取得協助，不妨接洽，經童世芬兄洽詢郝更生氏，謂教育工作係由花旗銀行經理 Geagior 主管乃往訪，據稱彼未與聞，但另有人管，當代為洽詢云。

師友

中午，前 AID 同事劉允中、李慶塏、靳綿曾三兄在峨眉請吃飯，祝余六十壽。

4月12日　星期六　晴

職務

上午本擬將董事會與股東會開會通知發出，但因油印費時，以致不果，此項通知之股東會部分須於一個月前發出，因五月六日開會，四月五日即須發出，故日期必須倒填，不宜久延也。此項通知有中、英兩文，部分人員為股東亦為董事，部分僅為股東，部分發中、英兩文，部分僅發中文，為恐有錯，須一一向收發人員指點。

娛樂

下午同德芳看電影「野店」，為一武俠片，平平。

交際

到長安東路為朱寶奎－吳國風會計師聯合事務所開業道賀，送花籃。

4 月 13 日　星期日　晴

交際

中午與德芳在五福樓宴客，計到童世芬夫婦與其女縵、綬兩人，劉允中、靳綿曾、李慶塏諸兄，皆因余六十生日而有餽贈或約宴者，又有李華強君，則為其赴東京餞行，但彼事後又補生日蛋糕，余家並有紹寧、紹因參加，七弟則未到。中和鄉火災，同鄉張玉琦一家數口，葬身火窟者大半，各國大代表同仁來函為之募捐，余於下午到王志超兄家託轉致五百元。

4 月 14 日　星期一　晴陣雨

職務

編三月份資本支出月報表，此表現在只有少數高雄廠之支出，較大計劃皆未開始，故內容甚簡。寫作三月份會計報告之說明公函，此月之盈餘超過預算一倍以上，但原因只能粗略的加以了解，而未遑詳加查察也。

娛樂

晚同德芳到國藝中心看大鵬公演，哈元章、孫元坡演九更天，章遏雲演江油關，均佳。

4月15日　星期二　晴

生日

今日陰曆二月二十九日為余六十足歲生日，由德芳手製蛋麵為祝，而筵席則於前日預為舉行，紹南、紹中兩女由華盛頓寄來美金二百元，並精美賀卡一件，紹南寫信為祝，情文並茂，余今日回信述感，提及我母如健在，已為八十二歲高齡，自四十一歲西歸，向無紀念舉措，今日母難，倍增感念也。

職務

下午舉行業務會報，各單位討論報告共計半天，余亦用英文就書面內容作口頭報告。

4月16日　星期三　晴陣雨

職務

為下月股東會之分派去年度盈餘方案再作修正，並與 Stretton 交換意見，決定在議決案內按二者選一之原則重寫，其所以如此乃因經濟部囑保留特別公積一百萬元，因而須在增資股與現金股二者之數字上加以斟酌云。

家事

上午與扶輪社秘書尹彤（Bob Yin）通電話，為紹寧申請 Georgia 大學獎學金事，該校希望與該社接洽，曾約定十一時見面，但與紹寧到該社時，則尹君又外出，遂將資料及留字交該社張君轉致。

4月17日　星期四　晴陣雨

職務

編製本月份薪俸表，其中有數人上月份未能將一、二月份補扣所得稅完全扣清，故又補扣若干，至此即可自五月份上軌道矣。下午舉行第一次聚苯乙烯擴建會，討論初步應進行之事項，並決定每週開會一次。

師友

晚，訪靳綿曾兄於聯合新村，面贈衣料一段補賀其次子不久以前結婚之喜，渠堅決不受，經勉強始允收受。

4月18日　星期五　晴

職務

本月份薪俸表雖已編好，但因開發支票之王昱子君遲遲不辦，直至今日下午開好後又無法完全取得簽字，結果只勉強將高雄撥款與第一銀行轉帳之支票以電話聯繫改為蓋章，始得開出，其餘尚待明晨 Stretton 之簽字，此等事余本早有慮及，故諸般手續儘量提早，其如辦事人員不肯合作何。編發本年第一季季報表，並答復其電詢之重要數字。

集會

到實踐堂開革命實踐研究院聯合作戰研究班 1-5 期聯誼會，會後餘興由大鵬郭小莊演大英節烈。

4月19日　星期六　晴

職務

改寫月尾董事會會議之決議草案英文本，並加入經濟部核准增資五千萬元登記所附條件之譯文，即章程之營業項目投資審議會核准前不予修改，及特別公積金轉入累積盈餘後未轉作增資之一百萬元，仍然轉回特別公積科目，作為報告事項，亦譯為英文。

家事

下午到富錦新村看所訂房屋進度，並參觀其標準隔間之方式，樓下住戶有將其房間推出將後走廊併入者；又往看民生新村，因係樓下，故較易安排，其標準隔間與門前花牆均極美觀。

4月20日　星期日　晴

家事

余六十生辰，紹南、紹中兩女寄來美金二百元為祝，德芳意為余買較好手表一隻，既作紀念，亦得實用，蓋余於民國三十四年所買 Movado 手表已二十四年，雖仍能使用，然常有問題，今日換新，自然極佳，乃於今日下午同德芳率紹寧到市上買表，看過數家以後，再到博愛路，有老店正川表行，選定其 Cyma 金殼表一隻，有世界保單，謂機器內有編號，將來可予以修理配件，索價 7,600 元，以 6,000 元成交，為自動日曆式，頗為美觀，但不知若干 Jewels，店員亦不能詳告，謂無關係云。

4月21日　星期一　晴

職務

譯好下月六日股東會假定議決案之英文本，至此董事會股東會之中、英文兩種文字紀錄均已準備完成。代紐約莫比公司所墊款經營之 Cap Wrap 案內墊款至今尚未完成，今日工廠來函申述海關要求補足保稅不出口之差額二十餘萬元，經撥款後繼續交涉，恐成效甚微也。工廠接稅捐處通知在當地辦理營業登記並設立帳簿，此為營業稅法施行細則所訂，顯然不通，且與稅法不符，乃復請工廠將詳細資料寄來，將轉請財政部解釋。

4月22日　星期二　晴

職務

上午，同林天明君到財政部與林科長談本公司 PS 五年免稅事，林君出示行政院通知，認為院令完全卸卻責任，飭財部妥為洽復，且列出院令答復本公司之原文號，其妙處即為該文完全不提錯誤何在，故林君認為如非經濟部認錯，必無改正之望，歸告 Stretton，結論只有密切注意財部行動，相機處理。與美孚人員談雙方帳務差額，無結論，蓋去年初期代銷三個月應收帳款餘額尚待核對也。

4月23日　星期三　晴

職務

為下次董事會與股東會所擬之文件，今日完成最後一項，即按其兩個分派股利方案，擬成各股東增加與納稅緩扣之細數等，立交打子員趕打，期於下星期二董事會提出。下午舉行新工程例會，各單位分別報告進度，余因籌款事尚未到開始之期，僅就聚苯乙烯擴充設備後可依即將修正之類目受五年免稅之獎勵一節，報告使各與會人員知稅務問題已有新的開展。

師友

晚，同德芳到環河西路李德修夫婦新居訪問，並由德芳製靠背為贈。

4月24日　星期四　晴

職務

將於月底與下月初舉行之董事會與股東會文件正在積極準備中，現在凡需要撰寫者俱已就緒，只有一項財務報表，余本有意即用宋作楠會計師事務所查帳報告所附之資產負債表與損益表，但因會議文件皆為中英兩文，此項報告表余意須加入中文本者，而內容有不甚相同之處，本應作一調節表，又顧慮無人詳閱，故今日只作一草稿，說明差異原因，備開會有人詢問之用。與美孚公司間之十二月底雙方存欠發生差額一萬餘元不能解釋，各同仁工作半月仍無結果，余昨日懸賞聚宴，今日周君將問題解出，證明並非一萬餘元，而為七萬餘元之漏帳，多日困擾，至此如釋重負。

4月25日　星期五　晴

職務

填寫經合會送來之投資成果調查表，該表目的為在明年底獎勵投資條例施行期滿前知在實施期間之各種實績，余蒐集各種資料，自53年起至57年止，表內所列早於53年部分則依該會來員意見予以省略云。今日所餘時間全用於監督印製下星期二董事會應用文件，但因細節太多，預定明日完成，恐難實現。

師友

斬綿曾兄來訪，贈咖啡盃一打，未語而去，其意蓋在答謝上星期余送衣料云。

4月26日　星期六　晴

職務

將本月底董事會應用之議程等資料印製完全，並加以裝訂，其中最後補充者為中文部分之資產負債表與損益表未附查帳報告，余乃寫一篇說明文字，請參閱英文部分中之查帳報告，並說明中英文報表只為編製方法有異，內容則完全相同云。中午約本處同仁在華新便餐，共六人，交換意見並答謝各同仁勇於任事之精神。

4月27日　星期日　晴

慶弔

上午到市立殯儀館弔李炯先同學之喪，李君為財政效馳驅有年，乃政校同學中樸質之士，而不永年，可傷也已。

交際

童世芬夫婦在天香樓宴客，以余夫婦為首座，餘皆其戚誼或家人，計有其胞兄童世荃夫婦，世荃親翁伍天緯夫婦，世芬妻舅吳君夫婦，又世芬親翁即童縉岳丈戴夫人，並世荃親翁查君，及世芬之胞姪等，乃家族之宴會也。

4月28日　星期一　晴

職務

紐約來長電，對於分派去年盈餘表示甚多意見，但經余研究之後，皆無與本公司所準備之方案相違之處，故以長電見復，只有一點即不主張由往年盈餘補提去年轉入累積盈餘之一百萬元，因餘額不足，而紐約不知也，Stretton 初亦與余相同意，然後又覺不應不予提出，乃囑再作第三方案，將累積盈餘六十餘萬元再用去年盈餘三十餘萬元補足一百萬元，轉回特別公積，今年盈餘多出之數則再加提增資五十萬元，此事費去一個上午始告解決，Stretton 口稱不懂，然最後了解始休，其耐性甚可觀也。

交際

晚，參加同學唐仁民、劉瑞梅之結婚典禮於中山堂。

4月29日　星期二　晴

職務

上午寫成分派去年盈餘之第三方案，此方案較近於紐約方面之意思，故較占優勢。下午舉行本年第一次董事會，余雖列席，且作說明，但各出席人員並無太多歧見，只有一、二人有隔靴搔癢之見解，而列席之端木愷律師照例不著邊際，企圖大言欺世，妄作主張將議案簡化，幸余說明後，無人與之共鳴焉。此會約一小時半而竟，討論較多者為增資緩扣股東所得稅之利害情況，又法定公積金本於去年改用稅前百分之十者，今日又改為稅後，全係以意為之，徒滋紛擾而已。

4月30日　星期三　晴

職務

為提出下星期之股東會，重編分派新股與現金股利之細表，並即印製影本。與 Stretton 及總務處林天明經理討論零用金與費用之管理方案，Stretton 因 Mobil 有經手人按月列表報銷之制度，而去冬查帳人員亦建議仿行，乃務為削足就履之計，決定每月不支現金之開支亦按月列報，為核准之依據，然後據以付款云。

集會

上午到國大黨部開小組會，趙雪峰組長報告十全大會之經過，宋志先與孟達報告關於住宅問題之進行狀況。

5月1日　星期四　晴

職務

為 Stretton 編製一項累積盈餘變遷表，最初只將去年全年數目列出，彼猶以為未足，乃又將去年增資兩次分別列出，表分二段，上段列每次變動後餘額，後段列增減數目。為提出下星期之股東常會，重依董事會議決案寫出各項假定決議，並依分配案第三建議將各股東明細表重擬，在打字前原欲將改變部分剪貼影印，以免重打，殊不料剪貼竟弄巧成拙，迨印好始發現部分未改，於是重新打字，又發現遺漏且剪貼亦復費時甚多，結果弄窮成拙，焦頭爛額，溯其動機原為免於重打之煩，誰知重打未免，反更困難，真啼笑皆非也。

5月2日 星期五　晴

職務

編定下星期二股東常會之各種文件，裝訂成冊，其中部分印品用本週董事會各董事留而未攜之件，如資產負債表、損益表等，另行換用股東會之議程及決議草案等。下午舉行每週會報，討論聚苯乙烯擴充計劃之進行事宜，由 Stretton 主持，其中大部為關於工程進度與採購報價等項，與財務有關者為重訂本年業務計劃，然又因近頃主要原料甲醇市價波動甚劇，成本不易確定，而無從著手云。

5 月 3 日　星期六　晴

職務

為 Stretton 準備另一項與股東會有關之資料，即自五十四年盈餘以償還借貸資金用於設備而申請緩扣股東所得稅以來，每年之提撥與應還已還之負債間如何計算，此事余雖早有準備，但因設備二字之含義不定，本公司大數負債土地價款可否包括在內，迄無定說而遲遲不能編列正式表報，現在即暫照申請之廣義的解釋加以計算，大約至明年底，即可將今年提撥之五十七年盈餘計前後四年者還清云。

家事

下午同德芳到板橋童叔平家拜訪，此為紹中出嫁後之第一次前往探望，並買蘋果、麥片、蘇打餅乾、巧克力糖等為贈。下午同德芳到國大黨部參加國大代表子女獎學金授獎典禮，為紹寧領獎狀及鋼筆，前十名並各有獎金。

5 月 4 日　星期日　晴

家事

下午同德芳到富錦新村工程處交最後之一期價款十萬元，係遠期彰化銀行支票，以前經其董事長蘇鴻炎在電話中洽允者，期為十月卅一日，預料期前可以完成並取得土地所有權狀而以現款換回支票也。又到民生新村看建築中之房屋，對於隔間、櫥櫃等再作一次商決，又對於地下室之地上入口處決定不用圍欄式而用平地掩門式。

5月5日 星期一 晴

職務

本公司本年第一次董事會議上週開會，現正整理會議紀錄，今日中文部分已經打字完成，經在打字時再行核閱一過，頗有發現不妥再加修正之處，至此大體已經就緒，只須於開會十天內印發即可云。與高雄廠朱課長談高市稅捐處囑辦理營業登記與帳簿驗印，此事完全為雲林縣稅捐處自作聰明，省財政廳見獵心喜，竟欲採漸進方式使工廠有就範完稅之可能，余意工廠相機應付，公司則就其不通之處向財政部反映云。

5月6日 星期二 晴

職務

舉行本年股東常會，事先由余將議程及預定之決議案製成草案，於開會時分送作為決議之藍本，今日會議極為順利，除 C. C. Fisher 一人由美甫行來台外，其餘皆為上週董事會參加人員，故討論不多，大體均照所擬者通過，其中兩律師在以前開會本為字斟句酌，現在則均適可而止的略有意見，修改文字，而一向老氣橫秋之端木愷律師，本認為此會內應修改之處在上週董事會之紀錄內亦應照樣修改，余告以上週紀錄已印好待發，且不必兩會從同，彼亦無言云。

5月7日 星期三 晴

職務

去年底之年報表經紐約方面核回，覆函囑對若干事項加以改正後重擬一份送往，周君擬好後余於今日加以複核，發現仍有加以修正與補充之處，經加以改正後，囑即重行打字，並將於完成後由余備函向其說明云。四月份損益預估於今日完成，並交 Stretton 複核中，以便即行發電至紐約報告，此月份銷貨額超出去年所做預算，因而盈餘亦超出預算。印製上星期二之董事會議紀錄，將於十天之內分送各董事存查。

交際

晚，參加由勝家與路易馬可玩具工廠召集之會計人員聚餐，凡二席。

5月8日　星期四　晴

職務

草擬前日股東長會之紀錄，計中文、英文兩種，其中中文部分因改動較少，而打印用紙與作為議案提出時之格式相同，故不須重打，英文部分則因用紙不同，只好重新打字，好在英文打字較速於中文也。Stretton 主按產品別計算 Rate of return，初欲採用固定資產加 working capital 為分母，余告以紐約方面習慣上用 Net investment，即全部資產減折舊，彼改變主意，但如此以產品別分資產亦已不甚易易也。

5月9日　星期五　晴

職務

開始準備營利事業所得稅藍色申報資料，今年為數年來獲得延期至五月十五日之第一次，並因數月來事務特繁，故一直未能著手。今日初步工作為就已經發生之費用分析內容，並加以自動調整，調整事項包括無單據廣告費之不作為費用，以及交際費超出進貨千分之三與銷貨千分之七，二者之計算剔除，今年交際費實際並未超過，故計算亦只做為參考而已。晚與紐約來之 Fisher 及 Ostberg 等聚餐，共八、九人。

體質

本公司醫藥顧問為量血壓，低血壓八十二度，高血壓一百卌四度。

5月10日　星期六　晴

職務

續填五十七年藍色申報之各種表格，並酌量分配一部分交其他同仁代為填製。寫四月份業務報告，備提下週舉行之會報，其中提出討論事項一件，即清查借外之固定資產，完成手續，並收回已不往來客戶之備用設備，因聞頗有已經不購本公司貨品之客戶，將以前之坦克串通本公司離職人員移作別用也。

娛樂

下午同德芳到中山堂看電影，張琦玉、王戎主演「情關」，立意與攝製均佳，余未終而退。到中華路看王景南當年書畫展百幅，皆精品。

交際

晚到中壢參加美孚公司同仁徐福助之婚宴，往返費時甚多。

5 月 11 日　星期日　晴

體質

昨晚在中壢因急於回北，往公路局車站搭車，因見車即開行，為趕時間計，略作奔跑，而未見地下有高起之水溝蓋，木製用鐵釘扣連，未能踏穩，雙手仆地，左顴骨與左右兩手背及右膝蓋均有搽傷，立赴達生外科清洗包紮，並注射破傷風血清，因頭未覺暈，故仍乘公路車回北，今日又至陳外科換藥，並服藥二片消炎，各傷處略有痛疼，此外身倦、眼倦，數處未傷但亦有痛疼，如臀部、兩腕等處是。

5 月 12 日　星期一　晴

職務

今日請病假一天，來探病有周煥廷、孔繁炘、金毅、高秀華、高秀月、汪菊珍、王昱子、王淼、胡星喬及凌碧霞等。訪吳崇泉兄談今年仍託代申報台達所得稅。

體質

下午到聯合門診中心由外科陳守仁看余之面手膝等部位擦傷，取來消炎膠囊二天量，陳醫師云最初受傷時可不必包紮，可速愈，但現已不及云。

師友

張寶文來訪，余為之具申請狀致高院，請明日病假，並聲明當日參加申請籌備台北市會計師工會為實，並無偽造印信情事，張君一審勝訴，現在為二訴。

5月13日　星期二　晴

職務

上午趕辦藍色申報，但總表仍只完其半，又以他事相間而延後。印好英文本股東會決議錄，至此董事會與股東會之二種文字紀錄共四種全已備妥，立即發出。下午舉行本月份業務會報，余於報告事項外，並提出一案，將由工廠與業務處會同本處，將借予客戶之設備加以清查，並取得借用手續，無往來客戶則予以收回云。

體質

到聯合門診由張正暘醫師為余換藥，據云傷處恢復甚好，有已不須再行包紮者，膝蓋則已只蓋紗布而不復塗藥矣。

5月14日　星期三　晴

職務

全日趕辦去年之藍色申報，至晚大體就緒，此中頭緒繁多，有的資料係由高雄廠提供，但余始終未有寓目，故份數頗為不全，乃加印借用，亦有加以複閱後發現須加以修正始可引用者，種種情況，多因月來事忙，不及於事先一一顧到，所幸諸同仁均通力合作，舉凡提供、抄寫、打字，以及種種不得延擱之程序，皆能迅速予以完成也。趙董事長之美寧公司為分配股利減輕稅賦之方法所困，乃欲窮一日之力，於明日前對增資方案有所決定，並來就教，余將台達情形為之說明，各主管人皆有所了解，然仍未澈底也。

5 月 15 日　星期四　晴

職務

最後將藍色申報資料集齊，蓋章後送國稅分局。寫作四月份月結表之送紐約公函，分析內容。編製資本支出表，一併送紐約。

師友

晚，朱興良兄來訪，託繼續蓋章，為在彰化銀行擔任保證人。

5 月 16 日　星期五　晴

職務

賦稅改革委員會送來歷年盈餘分配調查表，余於今日趕填，此表自 49 年開業起即須填寫，窮半日之力始克完成，此等事最為浪費時間也。下午核正周君所擬之加工品逐案成本盈餘分析表新格式，及其所擬之致工廠要求合作提供資料函。下午核正周君所擬重編去年底年報表，並撰寫解釋改正各項數字之原委，其中最重要者為與莫比公司之往來帳，本公司只一筆，彼方則有三筆，須將內容加以說明。

5 月 17 日　星期六　晴

職務

編製本月份薪給表，大部完成，如此即可減輕發薪前一日即星期一之負擔，今日費時不甚多，乃因新所得稅扣繳辦法自三月實行，四月繼續辦理，本月份已大體可以就緒矣。自星期一請病假一天，五天以來工作幾有不能應付之勢，幸余將緩急先後詳加安排，尚未有延誤，而下週工作亦差可就緒焉。

體質

再到聯合門診看傷，已甚有進步，除膝部前日已除去紗布外，面部亦於今日將紗布除去，現僅餘兩手之手背換藥後仍然包紮。

5月18日　星期日　晴

參觀

下午到西寧南路參觀皮鞋禮品展覽會，此一展覽會乃繼工業與紡織二項展覽會而繼續舉行者，但內容較為單純，且所謂禮品，亦無一定範圍，只好視廠商之興趣而為轉移也。

娛樂

下午同德芳到中國戲院看電影，新星湯蘭花主演「負心的人」，由楊群與李虹合演，演技均極佳，但故事發展至後部漏洞太多，劇力為之抵銷，此乃國產片之通病，值得檢討改進也。

5月19日　星期一　晴陣雨

職務

續編五月份薪津表，並開發支票，填寫乙種存款存入單，即於下午送第一銀行轉帳。編製財產目錄，此為資產負債表上固定資產之重複資料，只因公司法如此規定，而主管機關亦如此要求，故必須提供，所不同者為將機器設備一項再按工廠別加列明細數字。亦表明其全不重複也。又為美國大使館填寫調查表一種，乃會同總務處辦理者。高雄廠周轉金五萬元不足支應，要求加為十六萬元，余同意其要求，此事已磋商甚久，余一直以為應從撥款求靈活上著眼也。

5 月 20 日　星期二　晴陣雨

職務

月來收到函索財務報表者甚多，今日答復中華開發公司、交通銀行，並辦申請書將去年報表送市府社會局備案。編製簡單之財產目錄、銷貨明細表，以供此項報表同時送出。核閱周君所做之四月份產品別成本分析表，此為分月比較之用，已進行四個月，逐漸可以比較矣。核定高雄請增加周轉金為十六萬一事，經將其昨日結存八萬元為基礎，加以補充，故今日匯往八萬元，以滿足十六萬之數，其實其周轉金遠過此數，蓋過去曾撥五萬元，而歷來為進口稅與其他用途溢請之款尚在外也。

5 月 21 日　星期三　雨

職務

為總經理 Stretton 編製二種小型表報，一為 Schedule of Action to be taken on 1969 General Shareholders Meeting Resolutions，列舉須辦理之事項十件，實際上細小之事項尚不在內也。二為 Estimation of Corporate Income Tax of 1968，此為藍色申報所採用之數字，較之第一次所採者，所得額較大，主要原因為趙董事長之年支待遇，為避免其所得稅太重，乃作為歸還其墊支之費用，因無單據，自行剔除不作為費用，因而所得稅增加，此一事也，另一為付給李長榮之福美林聯營貼補，情形相同。

5月22日　星期四　雨

職務

為高雄市稅捐處新興分處迫高雄廠辦理營業登記與帳簿驗印事，辦一長文呈請財政部予以制止，蓋高雄廠絕無營業，而其一部分成本會計帳簿為公司整個會計之一部分，均由此間稅捐處用印，此皆可由營業稅法及財部其他解釋尋得答案，現台灣省營業稅徵收細則一味脅迫用印並登記，而省市又不劃一，恐又將起爭稅之漸，此文寫好又譯為英文，蓋便於 Stretton 之了解與判行也。

交際

美孚公司白敬尊經理晚在欣欣約宴，主客為香港美孚李稽核。

5月23日　星期五　晴

職務

去年秋季曾有 Kusako 前來查帳，發出查帳報告，其中與會計事務有關之事項，多屬卑之無甚高論，然在不悉內情者看來即似乎隱含若干問題，現因紐約莫比公司之 Controller McKearney 來台，將就此一問題有所檢討，故余今日詳閱該報告之有關事項，寫成 Implementation Status of Mobil Oil Corporate Audit on Taita Chemical Co.

Operation 一件，字斟句酌，予以說明焉。下午舉行 Polystyrene 廠擴建工程例會，注重前來觀察之 McKearney 之了解增進，殊少新問題之探討也。

5 月 24 日　星期六　晴

職務

上午，紐約來此之 McKearney 與余討論去年 Kusako 查帳報告之辦理情形，余昨日所擬之文字說明交彼一份參閱，以免除若干口頭難以說明之事，如此節省不少時間，在討論期間余發覺彼對 Kusako 之若干見解及其瑣碎不堪並不完全同意，彼且對於其中未提之事項如標購程序擬加入會計人員等有所主張云，談竟彼又點查徐倫定之零用金，大體無誤。為華僑銀行填寫調查表，因內容比一般簡賅，故於收到後即填，未予延擱。

5 月 25 日　星期日　晴

家事

紹寧今年畢業於台灣大學農業化學系，數月來申請赴美研究，已有數處 Admission，今日又獲得 University of Notre Dame 之助教獎學金，如此可以不參加留學考試，著手準備出國手續矣。

體質

兩週前面部與兩手手背及右膝蓋之跌傷，自本星期即不再包紮，果然恢復甚快，漸漸有脫皮現象，略有癢感，洗面入浴均不致怕水矣。

5月26日　星期一　晴

職務

紐約莫比公司派來研究本公司十年內之長久計劃之Ostberg向余索資料，為自1963起至去年止之各產品內外銷數量與金額，但在此期間內部分資料甚全，部分仍賴重新統計，尤其52與53年為然。周煥廷兄編製各產品之Investment Return於今日作成第一次，此為Stretton所主張，周君初以為各個百分比相加應等於總百分比，及後詳加檢討，知此兩項算法根本不能比較，故亦聽之。

交際

晚在豪華酒店為Ostberg送行回美，在座尚有McKearney、Stretton及公司中層同仁等。

5月27日　星期二　晴陣雨

職務

編製1963-1968六年間之銷貨量值表，每種產品別又分內外銷，故此為年來所編之為時最長而內容區分上最詳細之表，然亦正唯如此，而遭遇甚多之困難，至晚始告解決而全部完成，其困難為：（1）必須與逐年損益表上之銷貨淨額相同，故須逐項產品減除其退貨與折讓，（2）63年之出售膠水內含有兩部成分，一為福馬林之價款，二為加工代價，然未在帳上劃分，而其何種佔價若干，年代久遠，當時經辦同仁亦不能解釋，只好按想像之之比例加以劃分，未必與事實相符，（3）去年起有間接外銷，但帳上併入外銷，故另行分析劃分填列。

5 月 28 日　星期三　晴

職務

Stretton 所堅持主張之用 Replacement value 為投保保額一節，今日與太平保險公司張君洽定，可以照辦，同時將成品原料部分亦增加保額，但至滿期時再按每月平均帳面餘額照實核算，此一新保險自本日開始，將於明年三月十日滿期，今年三月十日至今日一段時間仍用舊額舊規定辦理。

交際

林作梅兄子完婚，往參加喜筵，並送現金二百元。

5 月 29 日　星期四　晴

職務

去年之資產負債表與損益表已按往年格式函送市府，並轉經濟部，但經濟部又登報公告規定各項表式及內容填法，凡已送者仍須再送，今日乃就去年已編之表，查核其填表說明，將項目加以增刪，適合其要求，大體上已將資產負債表與損益表編好，但尚須另製數種明細表始為完全。

交際

中午，參加魯青國大代表聯誼，歡宴十全代會後獲任中央委員中央評議委員及黨務顧問之聚餐，凡五桌，致詞者有王天鳴、裴鳴宇、延國符等。

5 月 30 日　星期五　晴

職務

自今年起將成本分析資料改變編排方式，先之以全部損益表按月填列，然後再按每種產品之外銷與內銷以及間接外銷，逐一分析其盈餘，並再彙列於一表，更將每種產品之盈虧數按淨投資額求 Rate of return，四月份表填好後 Stretton 見電木粉與聚苯乙烯與三月份有極大之差異，乃查詢原因，余乃交周君分析帳目，知大部皆為月份間之不能完全劃清，或前月誤計，次月調整，經逐項加寫說明一份，交其參考。

集會

上午開國大黨部小組會，余因事忙，未及散會即退席。

師友

晚與德芳訪劉允中夫婦，為其長女補習問題通知其明日往洽。

5 月 31 日　星期六　晴

職務

本公司不上軌道之事常有發現，例如今日即有兩個月後發生之退貨，營業稅亦無法抵繳，又有美孚公司之退貨，開來 Debit note，雖加入減除其佣金項目，然營業稅本代本公司扣繳者，現在則又不見提起，經囑孔君照計此項營業稅並開 Debit note 至美孚，又如工廠之未成品為逐月推移成為製成品，然有特別項目竟數月任其在未成品狀態，永不進展，實出乎常情之外也。

6 月 1 日　星期日　晴陣雨

家事

紹彭今夏在建國中學補習學校畢業，即參加大專聯考，但功課甚為吃力，除有補習教師為之補習外，連日余並督促其熟讀梁實秋著高中英文法第三冊，此中課文皆以常用動詞之成語為主，如 give、take、look、make、go 等，余並囑其對於習題全做，成績尚佳，余因之亦頗為獲益也。

體質

五月十日手與面之摔傷，現已去痂，然仍紅而略癢。

6 月 2 日　星期一　晴

職務

賦改會前已經由國稅局發來第一次（編為第二表）調查表，調查歷年盈餘，填寫頗費周章，現又發來第二次（編為第一表），內容更為複雜，包括資產負債與損益數字，且多費解之處，今日往洽詢一切，略知其用意所在，此一新機關多有獨出心裁之處，即所定表式亦與一般者大相逕庭也。

娛樂

晚同德芳看電影 Oliver，譯名孤雛淚，Mark Lester 主演，獲獎之童星也，此片故事、主題、演技，無一不佳，二小時半一氣呵成，真劇力萬鈞之作也。

6月3日　星期二　雨

職務

填送賦稅改革委員會之第一號表格，其中有資產負債表項目如固定資產、流動負債、未分配盈餘等，亦有損失表項目，如營業收入、營業成本、製造成本及其中材料耗用，又直接工資等，表面為片段不全，但其目的自然另有所在也。客戶退貨有在二個月後始辦理者，按營業稅法規定，超出二個月即不復可以抵算營業稅，並曾一再向總務處表示，希望合作，但因此刻銷貨又歸美孚公司總代理，又非營業處所能完全左右者云。

6月4日　星期三　晴

職務

中午，Stretton 總經理約紐約來此之 McKearney 及余在 MAAG COMP 吃飯，二人與余討論公司會計人事問題，重點在余如短期公出，是否可以代替，余答以原則上應無問題，只有二事，一為周煥廷之成本分析工作，無他人可接，余之寫作工作亦然，故如周為余代理，其事太多太繁，彼又問會計人員待遇有無問題，余謂目前水準比高者低，比低者高，暫時可無問題，以後則視環境而定云，又問如增加儲備人員，熟手生手何者為宜，余主張由大學生內找生手，最易上路。上午 McKearney 與 Stretton 及余與周煥廷檢討成本制度，McKearney 並囑每月補送資料，並主張每月發電萬勿延遲云。

交際

晚，參加由愛德蒙與西諦召集之外資公司會計人員聚餐。

6 月 5 日　星期四　晴

職務

下午到工商協進會參加稅務委員會第一次會議，產生主任委員副主委及各組召集人。到機場送 Mobil Chemical 會計長 McKearney 回美。

師友

晚，同德芳訪中寧兄，緣下午張太太來談張兄近來出帶狀痲疹甫愈，余等未知，亟往探視，並送冬菰、白木耳、衣料等。

6 月 6 日　星期五　雨

職務

自去年採用標準成本制度後，偏差之檢討為極重要之事，然工廠方面似尚未能普遍了解，今日向來北之朱慶衍課長說明，望切實注意獲取資料。工廠之現金調撥為一甚重要之問題，目前為設固定周轉金十六萬元，然後由工廠就支用隨時請撥，但工廠方面因撥款甚遲，常不能應付，故主張在不足十六萬時每日自動為之補足，此法將變成每日匯款，尚無必要，故討論結果，仍將從加速匯款方面著手也。

體質

今日忽頭暈，遍體無力，坐久且腰痛，鼻通但嗅覺幾全失。

6月7日　星期六　晴陣雨

職務

估計五月份損益並電達紐約，此次盈餘120萬元，仍然超出預算將近一倍，因銷貨額增加之故。

娛樂

下午同德芳到中山堂看電影「西廂記」，凌波、李菁與方盈合演，黃梅調，唱做均好，陳蝶衣作詞，拷紅一段，多有奇筆，此片雖不若梁祝之悱惻，而文藝氣息則較重也。

交際

晚，到三軍俱樂部參加陳味川兄次女維多在美結婚之喜筵，余因不適，故於道喜後即偕德芳告辭。

6月8日　星期日　雨

體質

自星期五感不適以來，今日已為第三天，頭痛較輕，但腰痛較為顯明，坐時覺無力，然已有閱讀之興趣，只晚間須早睡，睡眠則尚安靜，今日服用金銀花水，吃苦瓜，昨、今兩日又服用椰子水與菊花茶等，飲食從清淡，排泄不暢，此為余平時罕有之現象也。

慶弔

下午到市立殯儀館祭趙曉章錄絅之喪。

6月9日 星期一 雨

職務

寫作五月份工作報告，備提出於下月份之業務會報，此月份之工作項目特多，更加有討論事項，故篇幅較平時為多，其中討論事項為關於長久懸列帳內之在產品及買進原料因規格改變而不復使用者，應如何清理。

慶弔

上午，到善導寺弔祭國大代表羅甸服在大陸父喪之誦經法事。

體質

昨夜頭痛最劇，終夜在淺睡狀態，喉痛依然，僅腰痛稍輕，上午到聯合門診診斷，處方三劑，一治傷風，一除便結，另一則安神，醫云不致有大病（師昌綬）。

6月10日 星期二 晴

職務

舉行小組會議，討論勝記公司提出購買本公司未成品之發泡聚苯乙烯每月六十噸應如何答復，此案與本處有關者為定價問題，前為此項成本作成約略估計，其方法為先向高雄廠查詢該項產品之未完成百分比，然後照比例計算其成本，今日討論始知其事並不如此簡單，甚至包裝條件處理方式與固有之聚苯乙烯相同而與發泡性者則否，因而貨物稅亦不能不重加決定，故全盤成本計算尚須俟各項先決條件之澄清也。

6月11日　星期三　晴

職務

編製五月份 Capital Expenditure Report，因四月份之數目有誤，其應予調整數亦於今日之表內加以改正。本公司往來之台灣合作金庫中山路支庫副理林啟川調任延平支庫經理，今日接事，上午與周煥廷、孔繁炘、金毅共往道喜。為擴充辦公室將租後鄰房屋，由本處及工程部門移往辦公，今日與總務處會商隔間辦法等，大體已獲結論。

體質

小病已一週，今日已漸無頭痛、喉痛、腰痛等現象，但左眼發紅，幸不甚痛，尚不礙辦公。

6月12日　星期四　晴

職務

因總經理 Stretton 赴港，其名章交秘書代用，此為支票上應用者，當時需款孔急，不能等待，而此一秘書則來去自由，時間上無法配合，今日因高雄廠催匯經費，急如星火，萬不得已乃將印鑑不全之支票送合作金庫先行撥匯，以待其圖章能蓋時再行補蓋，銀行能百般將就，而本公司內部反散漫至此，可怪也已。

交際

陳粵人同學嫁女，在新生社宴客，余亦接柬前往，菜甚平常。

體質

下午到聯合門診看柯良時眼科，謂左眼結膜下出血，乃傷風、肝病、高血壓或糖尿病之現象，取眼藥水，每二小時點一次，真正原因或仍為前數日感冒所致。

6月13日　星期五　晴

職務

寫作五月份月報表解釋函，擬於限期寄紐約，至下班尚在打字中，或不致誤期，因McKearney在台時曾表示希望勿逾期送表，如今日不送即為第十一天（應為第十天）矣，此事本不如此匆遽，因打字員汪小姐對前日余交彼之表延擱不打，今日合併辦理，以致不及。

集會

下午到中山堂參加徐軼千氏治喪委員會，訂於二十一日發引安葬。

6月14日　星期六　晴

職務

日昨編送之五月份報表，除送紐約部分於昨晚發出外，因打字有錯，其餘延至今晨始行改正補發云。

參觀

下午同德芳到歷史博物館看張道藩遺作展覽會，自幼年習作國畫起，至晚年拜齊白石為師止之各種作品如素描、油畫、水彩，皆有展出，才華高雅，畫法無半點俗氣，惜張氏一生未專精於此，汩沒天資，莫此為甚。又到科學館看工程師節工程展覽，包括機械、交通、化工等門部，因僅以參加公司為單位，或以特殊機構為單位，如石油化工，各水庫設施等，故缺少普遍性。

6 月 15 日　星期日　晴

交際

中午，與德芳及紹寧赴張中寧兄之宴會，其意在為赴美留學之友人子女餞行，到有楊希震太太及女公子、李太太及女公子、汪太太及二個女公子，又彭小姐等。

家事

下午同德芳到富錦新村看所定房屋並接洽增工程，洽定前走廊加木窗，浴室、廚房加瓷磚到頂，客廳加冷氣窗，內墻加水泥磨光，大門、後門改用實木門，大門門鎖將自購電子鎖，其原有者轉於室內云。

6 月 16 日　星期一　晴

職務

因本月發薪日值端午節，提前於十八日發放，故今日趕編薪俸表，因催報加班費，遲遲未能完成，然至下班時亦已大致就緒。上午到中央銀行外匯局訪吳君，探詢莫比公司以股利轉增資之結匯權利申請問題，彼謂端木愷律師所為之申請於手續完全茫然，經告應送各件，而端木之秘書亦電話囑送，不過依樣葫蘆，且並不完全，余度其有其他文件須自行編擬者，即不向本公司再索矣云。

交際

交通銀行儲蓄部移中山北路，市銀行儲蓄部成立於南京東路，前者因其經理、科長曾來拜會，後者則副理曾來，故分別往賀，並送花籃。

6 月 17 日　星期二　晴

集會

上午舉行小組會議選舉會，趙雪峰再度當選組長，會後並在會賓樓聚餐，席間所談多為抗戰期間往事，已二十餘年矣。

家事

下午到永和鎮訪姑丈，約其於端午節來寓晚餐。

體質

下午到聯合門診看內科，由台北醫院許經綸應診，據云余之眼結膜出血非即眼底出血，認為不致有內科病，只須服藥即可無礙云。

6 月 18 日　星期三　雨

職務

下午舉行本月份業務會報，余所報告者全為書面內之事項，但另以口頭用英文加以說明，末並提討論案二件。紐約莫比化學公司會計長 McKearney 來函查詢本公司歷年以盈餘轉增資案內，所計擬申請股東所得稅緩扣之各年金額其先後所得資料何以略有差異，經即代 Stretton 擬復，計有二點，一為 1966 年有尾差，乃因畸零股加以消除，故不復為原來之整數，二為 1967 年曾分配股利二次，合於緩扣者第一次為一百萬元，第二次為五百萬元，前次列表只列第二次，應加入第一次共為六百萬元云。

6月19日　星期四　雨

職務

參加經合會投資業務處舉辦之稅捐減免及外匯實務講習會，因昨日報名較晚，今日第二日始行參加，凡上午四小時分為貨物稅與營業稅之兩節，均無新意，聞昨日為所得稅，財政部主管報告，多與現狀不符，詢問者多，亦多不得要領，然則此種講習會議亦一大諷刺也。

家事

今日為端午節，下午放假，晚飯約姑丈來共餐。

6月20日　星期五　雨

職務

上午參加講習會第三天，計有課題二項，一為外資進口機器之申請手續，二為加工外銷之有關事項，在第一題報告後，討論時間內余曾提出如投資人以較高價值之器材進口而只獲得較低之股權數時，其投資額將為若干，答云只能照其股權數為投資額，其差額可由投資公司依據投資申請之所說明而申請匯回，此一答復是否合理，一時無從懸揣，蓋此與匯回時之公司淨值有無變化有相當關係也。紐約方面來電查詢長達公司轉投資事之股票已否發出，及高雄廠土地所有權狀已否領到，經電復，前者公司正待解散，後者已於上月領到。

6月21日　星期六　陣雨

職務

舉行建廠會報，談及借款問題，事實上已必須開始接洽，但 Stretton 必須等待新修正之 Profit Plan 與 Cash Flow 編成後再議。審閱與美孚公司代銷續約，余略作文字之修正。

師友

與德芳訪趙榮瑞夫婦，其子今日在美結婚，面贈禮券五百元。

集會

下午在交通銀行舉行黨校同學茶會，各同學報告政情，方青儒兄並報告陳立夫氏回國定居以來之狀態。

6月22日　星期日　雨

交際

晚，與德芳到中國飯店西餐部應趙榮瑞夫婦之邀為其子舉行之喜宴，其子係於今日在美國結婚，此間宴客凡五十人左右。

體質

連日寒暖不定，陰晴相交，極難適應，於是久未發作之鼻疾又行復發，左鼻腔流出黃色涕液日必數次，其色澤之黃，比向來為甚，雖點藥每日數次，仍不見愈，嗅覺則除日間短時外，幾乎全然消失。

6月23日　星期一　雨

職務

上午，同孔君到國稅局洽晤審核員呂君，因接通知，去年藍色申報於今日開始查帳，乃往備詢，除囑補送帳簿資料等項外，並與約定飲宴等。財政部正式通知，經與各部開會決定，本公司聚苯乙烯既經院令認為不予免稅，即應遵照辦理，原函送 Stretton，並口頭加以說明，認為只有訴願之一法，林天明君則主由 Stretton 先與行政院有所接洽，彼已應允，此法自然比較直捷。

交際

晚，與周、孔二君約國稅局稅務人員凡六人，為藍色申報查帳前之聯繫，到股長張永鎮及主辦之呂君及邱、黃、吳、楊四君，皆由呂所轉約也。

6月24日　星期二　陰

職務

為去年底與紐約之往來帳差額擬具補轉帳辦法函，請研究是否可以照辦，蓋去年曾由代辦原料一批已付本公司帳而未交貨，本公司因品質不符而不能收，懸至今日未決，乃擬定補轉往來帳暫記一借方科目之辦法，待年底再行轉回云。下午參加與香港美孚擬訂代銷續約之會談，已大致完善，余加入每月底後五天送來銷貨資料之一條。

集會

晚參加經濟座談會，潘廉方報告伊朗白色革命甚詳盡。

6月25日　星期三　晴

職務

舉行第三次聚苯乙烯加工品個案分析會議，出席者業務、工務二處，高雄廠及本會計處，首先對一般問題交換意見，多屬於各單位間之如何聯繫銜接，尤其所據為 Standard 之估價資料，多不確實，因而所作之差額比較不能表示意義，次則將四月底結案之定貨逐筆檢討，凡二十一件，皆作紀錄。

娛樂

晚與德芳到中山堂看戲，胡少安、李桐春合演群英會借東風華容道，大體尚好。

6月26日　星期四　晴

職務

上午與高雄廠呂副廠長及本處周君檢討 Job Order Cost Sheet 之格式，經再度修改，將由呂君帶回研究。開始依據採購組之原料進口預算計算下半年之製造成本，周君於開始編製前，先以所得之原料單價送請 Stretton 複核，不料彼一瞥之後即見錯誤，蓋周君所算之半年單價為每公噸六十美元，然在此期間之採購原價為 75-80 美元，自然不合情理，經周君複核，始發現計算有錯，半年來 Stretton 因勤於鑽研，凡所見者每極中肯也。下午，花旗銀行萬彥信副理來討論本公司之未來 Credit line，只與 Stretton 廣泛交換意見，待下週 Cash Flow 編就，再作具體洽商。

6月27日　星期五　陣雨

職務

辦理公函備發去年盈餘之股息，因須每戶計算其所得稅印花稅等，而又逐一填入其通知函內，故頗多手續也。美孚公司總務經理白敬尊來談其香港公司有意將來改為本公司與其取消代銷，改為經銷，由本公司自開發票，以節省營業稅，余告以此事在目前已不宜再作嘗試，除非種種安排能使稅捐處無法指稱為代銷，此非甚易也，白君謂其稅務顧問認為可行，余建議應由美孚得其書面說明，照轉香港，庶免將來有不能自圓其說之責也。

6月28日　星期六　晴陣雨

職務

上午各部門討論辦公室擴充方案，緣後鄰之二樓房屋將加以租賃，以天橋交通，按其地位將由會計與工程兩部分移往使用，然後舊辦公室多出之地位，一部分由董事長、總經理擴張使用，一部分則用於存放物品云。參加本公司投資之長達公司股東會，決定解散，並由公司聘會計師辦理清算云。

體質

鼻疾極為不正常，下午到聯合門診診斷，認為並非副鼻竇炎，而只為過敏性，實際二者並不易劃分，取來滴鼻藥及內服藥二種。

6月29日　星期日　晴

師友

上午，趙榮瑞兄來訪，閒談，余因日記用之簿本將於年底用完，託其屆時仍照原樣由代理藥廠之貿易公司索用一份。

娛樂

上午，同德芳到東南亞看電影，片為玉樓春曉（原名 Interlude，哥倫比亞出品），奧斯卡惠納與白蓓蘭斐麗合演，寫一段無結果之畸形戀愛，情節極佳，配樂及主題曲尤為佳妙。

6 月 30 日　星期一　晴陣雨

職務

今日為調撥款項而忙碌，直至下午二時半始得鬆卻一口氣，緣今日須付料款三百萬元，事先已洽美孚公司於今日付給貨款 150 萬元，而另向高雄交通銀行透支二百萬元，今日上午已到，而美孚公司因等候簽字，直至下午二時始能簽出支票，屆時因交換時間已過，經合作金庫派員到票據交換所將此一支票加入，問題始告解決。

師友

下午訪趙葆全兄於交通銀行，面交捐贈周方兄養病之二百元。

娛樂

晚到實踐堂看豫劇楊金花，王海玲主演，邊配亦皆硬整，極佳。

7月1日　星期二　晴陣雨

職務

由周煥廷君主辦之下半年修正 Profit Plan 已初步完成，余核閱後只認為其利息支出所列過低，將加以增列，然後即先將草稿交 Stretton 審閱，彼認為每月盈餘極平均，且為數不低，認為不妥，主因為福美林原料之甲醇高漲甚劇，在進口之月份所用原料為尤甚，故又囑就月份中之各產品加以盈虧分析，以明何處高列，其實余知周君所用成本單價為全期扯平者，Stretton 所主張者為逐月按當時所用原料之移動平均為之，前者自然不能因月而異，乃囑周君予以調整重新核算。

7月2日　星期三　晴陣雨

職務

本公司聚苯乙烯奉准五年免稅後，因行政院公布獎勵類目暫又以用苯及乙烯製造者為限，本公司產品應否免稅經主管部核議兩年，最後呈政院核示，竟又不准，余本主張此事應提訴願及行政訴訟，Stretton 則欲往面見政院負責人辦理，最後由趙董事長決定約程寶嘉會計師今日來商談有何從幕後解決之道，余將文卷交其帶回先作研究。

交際

龔祖遂兄為其四子完婚，晚到中山堂觀禮並送喜儀二百元。

7 月 3 日　星期四　晴

職務

由周君主辦之修正本年下半年 Profit Plan 經依照 Stretton 之意見，將甲醛原料按月確計後，已於今日重新計算完畢，月份之間大有伸縮，余再核對其對六月與十月所作之 Sampling Test on New Income by Products，發現此一期間內之甲醛確因原料高漲而成本提高，然當月之總純益並不減少，則因其他產品利益相對增加也。

7 月 4 日　星期五　晴陣雨

職務

為 Stretton 特別準備之今年下半年 Profit Plan 按產品別所作之 Sampling Test 於今日告成，並擇要向其說明，彼要求以前五個月實際數為基礎，將擬議中之兩個月即七月與十月數字列入各月份加以比較，以作七個月之時期別觀察，今日將各數分別算好打入，其趨勢與預料者相似，即福馬林之盈餘漸減，而聚苯乙烯則漸增也。

家事

紹彭今、明兩日參加大專聯考，上午與紹寧、紹因往陪考，余於其進場後返。

7 月 5 日　星期六　晴

職務

頭寸極緊，計算七日須付到期料款二百萬元，而半月內須支付之款至少需三百萬元，而應收帳款全歸美孚公司，上半月絕少預撥之可能，只有另行籌措，上午到花旗銀行接洽信用借款，據云台幣頭寸不多，須早作打算，余乃與之預定為下星期三，用款三百萬元，但外銷貸款為外幣頭寸，故星期一即可支用，惟本公司外銷不多，故只決定用美金四萬元，即 160 萬台幣，此款加交行透支未用餘額 60 萬，只足支上項料款。

師友

上午訪立法院廖國庥兄，託為紹寧保證出國護照，出境證，及教部證。

娛樂

下午，同德芳紹因到中山堂看電影，「瘋狂佳人」（Far from the Madding Crowd），哈代小說，茱麗克利絲蒂與彼德芬治合演，甚佳。

7月6日　星期日　晴

體質

鼻疾連日稍稍減輕，日間仍不時排出黃色鼻涕，部分則由喉頭排除，嗅覺日間略恢復，睡後方起最不靈，有時點藥，只能舒暢片刻。

家事

自紹中於兒童節在華盛頓結婚後，數月來與之未通音信，其姊紹南亦然，因顧慮其隻身太過孤寂，今日去信談其所了解之經濟與會計等事，並希望於取得居留權後作回台一行之打算云。

7 月 7 日　星期一　晴

職務

上午到花旗銀行借入外銷貸款 160 萬元，連同高雄交通銀行透支來款 60 萬元，始將到期料款 200 萬元及高雄用款十五萬元予以支應，又因經常用度需二、三百萬元以待二十日後美孚公司解到應收帳款，故向花旗銀行洽借信用借款三百萬元，據云頭寸太缺，須後日始能決定，余恐誤事，乃轉向合作金庫借透支如數，正趕填表格中。辦理上月預估損益，因甲醛成本提高，少賺美金萬元，影響甚大。本公司與美孚所定代銷合約，該公司譯為中文，余今日將文字修改送回。

家事

紹彭投考中央警校，余往北商陪考，余進場後返。

7 月 8 日　星期二　晴陣雨

職務

連日頭寸奇緊，將台灣合作金庫中山路支庫之申請借款各件送往，該庫已數年未借款於本公司，經辦人員云須待其總庫核准，故不能立即開始支用云。與朱慶衍科長共同請交通銀行吳副理與蔡昭發二人用中飯，二人皆高雄行舊人，現則在台北服務云。

家事

紹彭為投考中央警校第二天，今日仍送其進場。

7月9日　星期三　晴陣雨

職務

上星期六向花旗銀行申請信用借款三百萬元，今日接電話可先用一百二十萬元，亟往辦理手續，在缺款情形下頗有濟燃眉之用。編製本年下半年 Projected Cash Flow Monthly Statement，自昨日開始，至今日始完成，所得之缺款情形，與事實相距不遠，此表在編製時煞費周章，尤其原料部分係按每月支付現款之需要列數，須由成本金額內減除，此表編製方法乃類似損益表之排列，不按一般之資本負債表方式排列，故看來易為外行人所了解，編時亦略為瑣碎耳。

交際

晚，參加會計人員聚餐，所談以營業稅問題為多。

7月10日　星期四　晴

職務

與 Stretton 談 Cash Flow，彼大體無意見，但對於余按月列銀行存款一百萬元作為 Working Capital，且累計算入盈絀，發生懷疑，余細思知自己之失，立即接受其意見，此人凡事肯用心探究，而對外行事常有超出內行之意見也。到花旗銀行與潘襄理談本公司之 Line of Credit 應如何修正，並依 Stretton 由 Cash Flow 所得結論，向該行洽借進口器材貸款美金七萬元，彼云即行研究決定。

交際

趙廷箴董事長四十九壽，晚參加同仁合送之筵席於天母趙寓。

7 月 11 日　星期五　晴陣雨

職務

花旗銀行萬副理彥信電話商洽本公司今年之 Credit Line 問題，彼已由昨日見面之潘襄理處得知梗概，但因計算錯誤，竟以為本公司之三十萬美金已全部用完，後見面時彼已自知，乃進一步決定照昨日辦理，余即要求其對於一年期之進口機器貸款立即開始行動，結果決定由本公司去函，請其復函承認，俾憑以向國貿局申請輸入許可云。

7 月 12 日　星期六　晴陣雨

職務

本公司當務之急為從速進口器材擴建聚苯乙烯工廠，自 Cash Flow 編成，Stretton 認定須向銀行借款後，今日即行備函花旗銀行請覆函承認借款，以憑向國貿局與中央銀行申請進口與將來結匯還款。辦公文向台灣省建設廳申請證明本公司利用 56 年盈餘 25% 擴建機器設備，已於本年六月三十日如期完成，請予證明，以便轉請國稅局銷案。

7 月 13 日　星期日　晴陣雨

職務

今日為假日，但仍為當前之公司財務有所想像與規劃，因最近極為缺款，而借款之時間不必恰能配合，尤其交通銀行高雄分行，雖允將透支額度由五百萬元提高為一千萬元，但須加提固定資產為抵押，余對此十分躊躇，尚無成竹。

家事

上午同德芳到板橋童世芬家，面贈其即將出國之次女緩珊瑚項鍊耳環等，又到承德路代書處，為民生新村房屋土地過戶事在申請文件上蓋章。

體質

鼻梁右側忽有腫痛，昨今兩日皆不舒，至晚似始略有好轉。

7月14日　星期一　晴陣雨

職務

今日如期趕出三件報告，惜其中仍因汪菊珍打字遲延，六月份報表不能於今日送出，餘二種為資本支出月報表及新增之 Quarterly Revenue Data，不須有何文字說明，至於月報表則盈餘較之估計又多約美金一萬元，Stretton 對此有不能自信之處，故一再探求此中原因，余只能說明係因聚苯乙烯成本及聚苯乙烯加工品成本低估，蓋前者本月份成本特低，而後者因種類繁多，只能照售價按百分比估計成本，此一百分比常有失之過高過低而又無可如何也。上月底扣存股利所得稅，支票由出納保管，今日始詢余何以不繳，余見已過期四天，只好勉強填為本月五日支付，以免受每天百分之二之罰款也。

7月15日　星期二　晴陣雨

職務

寫六月份工作報告，備提會報之用，此次將就成本問題提一討論案，希望能在明年預算內將原料基本耗量提出一標準數，庶使第二年之標準成本得以更近真實狀況，此部分由周煥廷君擔任，此為數年來工作報告之首次由所屬加以協助也。寫半年來工作提要，預備開會時作口頭說明。

7月16日　星期三　晴

職務

與趙廷箴董事長及程寶嘉、邱朗光二會計師談聚苯乙烯五年免稅政府出爾反爾一案之補救程序，決定先向財政部聲明有訴願之意願，以免有失時效，然後進行人事活動，如有所成，言明酬金30萬元云。編製七月份薪俸表，因扣款情形較多，頗為費時，然計算總數，一次即有結果，未有浪費時間。核紐約送來之代美孚興建貯槽與倉庫AFE，並應該來函要求，在本年其他資本支出項目內挖出近似之金額，移用於此一新投資，其實並不需本公司出錢，此種形式主義，甚無謂也。

娛樂

晚，同德芳看電影「洛城故事」（The Young Girls of Rochefort），尚佳。

師友

晚，張寶文君來訪，贈其所製裝飾用小電燈泡兩套。

7月17日　星期四　晴

職務

到花旗銀行與萬副理談本公司七萬元美金貸款之同意書事，云明日即可辦好，但利息較高，須照紐約之 Prime rate 加 2%，亦即一分另半（週息），為外幣貸款得未曾有者。Stretton 總經理與余談紐約送來之 Bulk Storage 計劃之 AFE，幸余在百忙中曾將內容加以複核，否則必將難以答復其問題，蓋此人於工程事項而外特別於財務、會計等項表示其深厚之興趣，與夫習知之信心也。

7月18日　星期五　晴

職務

為 Stretton 草擬有關聚苯乙烯五年免稅之課稅額資料，計自 54 年底開始生產直至 55 年，均因其他因素足以全免所得稅，故毋庸以聚苯乙烯計算申請免稅，五十六年則按免稅申報，等於欠稅五十餘萬元，五十七年亦同，如本案不獲核准，則此兩年即須約一百萬元，而 58 年與 59 年則亦將近一百萬元，故免稅與否所關者在二百萬元以上也。到花旗銀行取來該行同意借給本公司進口器材七萬美元之信，以便憑以向外貿當局申請進口許可。

師友

朱興良兄來訪，談已乘財政部易長之便，辭去保險科科長職云。

7 月 19 日　星期六　晴

職務

編送第二季季報表，並寫說明與去年同期比較，金額俱有增加。寫上半年工作提要，又由高君作過去三個半年損益比較表，情形有逐期發皇之事。

師友

上午訪朱興良兄，贈冬菰等食品，下午並在人和園為其送行回台中，據云明日成行。

7 月 20 日　星期日　晴

瑣記

德芳由比鄰姚太太之介，兩日前赴台大後院學瑜珈術，此為一業餘活動，由女國大代表華淑君領導，余今晨與德芳前往參觀，見習術者十餘人，皆各認真習練，且有極為有成就者，據云有練九月而腰圍減三寸者，或體重減五、六公斤者，更有風濕病百藥不治，練瑜珈術後不藥而得霍然者，惟習者必須有恆，且其動作似無一定系統先後如國術者然，學習過程自亦有異也。

7 月 21 日　星期一　晴

職務

因余不欲在高雄廠延擱甚久，故將擴大會報後應進一步處理之事項交由以主任名義同時出席之周、孔二君接續辦理，周君研討目前之成本與未來預算之製造單價問題，孔君為核對出借資產與退稅手續問題，均須與工廠關係人員共同研究處理。

旅行

下午四時半由台北乘觀光號火車赴高雄，同行者有高銓君及 T. E. Stretton 全家，其餘人員以乘飛機前往者為多，十時半到達，住克林飯店。

7月22日　星期二　晴

職務

全日在高雄廠舉行半年擴大業務會報，以廠內所提資料為較豐富，余提出報告事項亦甚扼要，並用英文說明，提案兩件，一件為請生產部門提出標準用料量，二為請業務部門研討可否在將來業務預算內就各項加工品逐一列出銷貨量，免再用原料磅數為單位，均獲通過，但後者葛副總經理認為困難甚多。中午利用休息時間，同朱慶衍課長訪交通銀行徐經理、陶副理，對於本公司增加透支該行主以不動產為押事，表示將多有內部手續，請先將原有之五百萬元續約云。下午會後接開退稅小組會，余只參加半小時因趕車而早返。

旅行

下午六時十分乘光華號火車北返，翟元堃君同行，十一時十分到達。

7月23日　星期三　晴

職務

向美孚公司取來貨款三百萬元，但因其支票至下午始行簽妥，而預定歸還花旗銀行信用放款，必須於一時半以前將支票送往，以免有誤當天交換，故先於下午一時將所開支票送花旗銀行，後再到美孚取得支票，立送合作金庫收帳，雖交換時間已過，經合作金庫接洽該付款行不經交換雙方轉帳，於是今日之款，皆不致延至明日抵用，如此省卻之利息近乎千元也。

7 月 24 日　星期四　晴

職務

編製為經濟部規定之去年財務報表，此表在表面上似甚簡單，然一經著手，發現其複雜不亞於所得稅藍色申報，僅其中有若干明細表資料可以利用藍色申報之已有者而已，余今日將資產負債表與損益表編好，完全依其規定格式科目，含去年前年兩欄，且各有百分比，至於明細表則俟余交高秀月君照帳列數再加整理後，即可加入。

師友

朱興良兄來訪，贈紹寧出國紀念品別針三件。

7 月 25 日　星期五　晴

職務

繼續編製去年之財務報表，並將高秀月君所編之明細表加以改正，並予以編次，最後成立正表二份，即資產負債表與損益表，附表四份，即銷貨收入明細表、銷貨成本明細表、推銷費用明細表、管理費用明細表，次級附表四份，均為銷貨成本之附屬表，即原料量值表、製造費用明細表、期初成品盤存表及期末成品盤存表，蓋此四者皆為決定銷貨成本之基本數字也。程寶嘉會計師派員來以第二次為聚苯乙烯五年免稅所辦呈文（送經濟部）用印。

7月26日　星期六　晴陣雨

職務

以去年盈餘三百萬元擴充設備應於今年送國稅局之完工證明，本已辦好，因等候其中之一項證件即增資後工廠登記證尚未發下，半月來仍無消息，決定不再等候，只在應送之件內以小條說明，容發下後再行補送，故於今日將各項應送之件再加整理，適建設廳主管此事之鍾明源君來此，當將各件交其略閱後，認為無何問題，並約定何時往工廠查點，必先來通知云。Stretton忽欲將本公司今年台北資本支出之預算執行情形予以編送，乃囑孔君予以開列，並由此一事項知每月朱慶衍課長所依據其未完工程明細帳開交余之支出數，並不可靠云。

7月27日　星期日　雨

師友

下午，李德民兄來訪，談仍在電力公司服務，暑假後並將繼續在商業學校服務云。

颱風

今年第一次颱風於今日到台，在南部經過，中心則在巴士海峽穿過，向西北西進行，北市只有陣雨，風亦較平時為大，但不致成災，即門窗亦可依舊開啟，故大致無甚影響也。

7 月 28 日　星期一　晴

職務

解決成本問題數項：(1) 聚苯乙烯加工品之預算部分按品名計列，部分按原料數量，計算成本不易，經與葛副總經理洽定，後者雖仍只按原料數量計列，但應進一步按實際使用材料詳列，勿只列聚苯乙烯一種。(2) 聚苯乙烯加工品訂單完成後多有超出，決定在限度內者贈予客戶，超出者另行作廢料存放，不計價值，以期生產人員注意用量太多，增高成本，但廢料應另行紀錄，定期處理。(3) 聚苯乙烯加工廠機器折舊自本月份起由 18 年縮短為 12 年，以求符合實況，所得稅則另作調整，此為本公司對納稅折舊與損益折舊雙軌處理之初例。

7 月 29 日　星期二　晴

職務

本公司總經理 T. E. Stretton 之作風，由一方面言之，為能充分實事求是，不憑空想，然充其極致，無休無止，已達察察為明之境，殊不足取也，如今日渠以高雄廠之按定估計成本一件示余，懷疑其中折舊是否只含機器而遺漏其他，余查閱有關資料，並與周君討論良久，斷定該項折舊包括一切有關之固定資產在內，彼聞言猶不肯信，直至余將工廠所作之製造費用分配詳表取出向其解釋，始為了然，以一綜持全部業務之人，純由小處著眼，亦徒見其偏不見其全也。

7月30日　星期三　晴

職務

業務處洽談如何與美孚公司折衝，對於間接外銷之客戶之外銷資料適時掌握辦理退稅並發還保證支票，余主張既由美孚承辦，且有佣金，何不即交該公司完全負責，如其不肯，既為外銷，又何不本公司自行辦理，庶免互相推諉之弊，決定此意將於下週開會時提出。到國稅局取來 55 年 25% 完工證明遲送一案之財政部訴願決定，本公司勝訴，但退回預繳之款尚須三星期。

集會

上午開小組會。上午參加李順卿追悼會籌備會。

7月31日　星期四　晴

職務

美孚公司委託以 240 萬元建築儲槽，以 68 萬元建築倉庫一案，雖 AFE 尚未准，紐約寄回表示同意，然其第一批款十萬元已於昨日撥到，則動工在即，擱置半月餘之工廠所擬收支程序，理應即付實施，今日即徵得 Stretton 總經理之同意，將十萬元作為工廠周轉金，立即開始照程序辦理云。到美孚公司取來四月份貨款 250 萬元，仍只為一部，經立即存入合作金庫，除還透支外，仍只夠明日止之用途。

8月1日　星期五　晴

職務

填製經濟部囑填送之業務調查表，其中分本年第一季與第二季之欄，除人事及固定資產等比較簡單外，其中有收支一欄，將當季進貨與期初期末盤存等一併列入，因而使余不得不就兩次月底報表數加以倒減計算，而因表內原料及使用之淨額，又須倒加或倒減期初與期末之庫存增減數，有類庸人自擾，且因計算時略有技術問題，費時半天始將數額湊成云。開會討論發現聚苯乙烯設備用 Suspense Process 製通用聚苯乙烯之成本內容問題，決定由工務處就工廠資料重估。

8月2日　星期六　晴

職務

上午與 Stretton 約請太平保險公司張副總經理，談本公司今年新保單條款經紐約莫比公司報保險負責人加以審閱後所發生之問題，包括三家聯保之保單與太平一家者之文字差異，及所謂 Replacement value 之應加入應指不除折舊之原價等問題，張君允就原函之要點加以研究後用書面作復云。改善出納程序並核對銀行對帳單一節，已於六月份之帳務開始，調節表並分列已簽未發之支票及已發未領之支票，如此可以將手存之支票加以點查，更為嚴密云。

8月3日　星期日　晴

師友

上午同德芳到安東街訪張中寧兄夫婦，致贈喜儀西裝料一套及旗袍料二件，其子緒明即將在美結婚也。

聽講

上午同德芳到實踐堂聽演講，由吳經熊博士講「內心悅樂的道理」（一個比較的研究），吳氏由儒家之論語開端，進而論道家，尤其重莊子，然後談禪宗，認為係集儒釋道之大成，而宋明理學朱、周、王氏之儒學亦有極濃種之禪學色彩，此一特徵為中國文化放一異彩，所論極豐富有致。

8月4日　星期一　晴陣雨

職務

與趙廷箴董事長及受委託之程寶嘉會計師到經濟部訪陶聲洋部長，主題為聚苯乙烯五年免稅經行政院核准於前，而出爾反爾，又否決於後，此刻解鈴繫鈴，希望經濟部鑑於上次限制條件之鑄成大錯，站在獎勵投資主管機關之立場，作釜底抽薪之解決，又希望對於目前又已發生之莫比公司匯回盈餘日期，勿再咬文嚼字，吹求應由增資滿額算起，抑由核定增資發給執照算起云。

8月5日　星期二　晴

職務

中華開發信託公司來函請第二次填報貸款客戶成果報告表，三年前本已填報 52-54 年之情形，現在貸款已經將近還清，乃有第二次之調查，乃將三年來自55-57年之數字填報，雖年來本公司統計資料比前完備多多，然在填製時仍不免須加以計算，如表內須填入由於產品外銷而爭取之外匯，須扣除原料進口之耗用外匯，即內銷以代進口之產品，亦須扣除原料所需外匯之金額，此數為帳上無記載者，必須由製造程序中了解用料之外匯數，始可估計也。

8月6日　星期三　晴

職務

上午到美孚公司與其財務與營業人員舉行聯席會議，討論間接外銷之整理辦法，緣原規定按外銷價發貨加收支票保證金，以憑將外銷退稅資料交到後換回支票之辦法，因客戶急於處理，滯壓不辦者已一百餘萬元，乃決定加速處理，其已列期者於本月十五日通知，限月底前來送資料換回支票，否則依約定如數將支票轉作價款，以後每月如此，至支票保管現仍由本公司辦理，余提出應由美孚辦理，但彼方因香港方面之困難，仍主由本公司保管，余允代辦，並將逐月加以核對，到期者催美孚收款云。

交際

參加本月份外資單位會計人員聚餐，並談所得稅問題。

8月7日　星期四　晴陣雨

職務

上月盈餘預估於今日辦就並電紐約，此月份之預估與平時不同之處乃在於甲醛原料之甲醇與聚苯乙烯原料之苯乙烯單體近月來進口與省產交替使用，成本頗有波動，故除採用上月之成本單價外，尚須根據其中之兩主料所用單價差別加以增減，用符與實際成本價之互相一致，核算結果仍有超出一百萬元之盈餘焉。

8月8日　星期五　颱風大雨

職務

美孚公司來一 Debit note 付本公司帳客戶去年六月至今未付之貨款五萬元，認為呆帳，詢之葛副總經理，知並非呆帳，係美孚與該客戶間有其他糾葛，況去年六月之貨款縱屬呆帳亦應由美孚負擔云，乃將 Debit note 退回。客戶益新紗廠四月間經本公司營業處同意以舊紗管六萬支換新貨二萬支，七月份成本應即計入，但舊貨並未全到，而新貨則全部已繳，從而不能確知應抵算新貨成本若干，今日與業務處洽辦處理方式，決定該廠應於三日內將舊貨補送，七月成本則作為只換去一部分云。

家事

今日父親節，紹寧、紹因、紹彭為備啤酒、點心等歡渡，甚為可喜。

8月9日　星期六　晴下午大雨

職務

年來累積之自存資料漸漸不易容納，乃加以整理，將重複或不復有用者撕毀，尚只為其一小部分非正式之報表，已用去不少時間，同時亦引起不少之回憶，尤其數年來所製各種分析表格，多為依據主管方面之臨時需要或一時之想法，或公司當時遭遇之困擾而作，在當時未嘗不挖空心思以赴，然事過境遷，問題性質更易，明日黃花，不復掛齒，因思年來所費心血，當局者有知有不知，余自身亦有憶有未憶，不禁感慨係之矣。

娛樂

同紹寧看電影「金石盟」（Half Penny），輕鬆諷刺之喜劇。

8月10日　星期日　晴陣雨

閱讀

閱傳記文學八月號，看過數篇，了無愜意，後再看劉汝明寫佟麟閣之生平，不但文情並茂，而且作者與所傳之人皆為行伍出身，而一則文采非凡，一則人品極高，以視士大夫者流，高下不可同日而語，洵足發人深省也。佟氏於二十六年抗戰之初殉國，其家人為免佟氏高堂傷心，每兩三個月為造一假信，報告平安，十年不替，用心之苦，亦見將門忠孝二者合一，不可或分也。

8月11日　星期一　陣雨

職務

編製七月份 Capital Expenditure Report，實際支出數字仍依據工廠會計課長朱君所記之未完工程明細帳餘額資料，該項資料雖將每一 AFE 之細數開列，然余從未以之與未完工程總帳加以核對，不久前因核對總公司資本支出之細數加以查核，發現相關之 AFE 為數太低，以為必有漏帳，但與朱君面談時，彼又謂所開 AFE 未能劃清，經囑按 AFE 劃清開出再對云。

8月12日　星期二　晴陣雨

職務

寫作七月份之送紐約會計報表公函，僅完其三分之二，此因銷貨資料已經完成，此部分須計算與預算之比較，又須按月累計，愈是下半年愈多累計數，且此種表格式之數字，打字時亦極為費時，故先行交打字員開始印打，第三頁則須待明日銷貨成本算好，純益決定，始可寫出也。寫作本月份之會報用工作報告，照例將上月工作分為財務與會計兩方面寫出，大體已經完竣，只餘上月份之損益數字比較百分比，須待月報表於明後日製竣始可補入，此項按月資料本須退至兩個月，但因七月起皆在月中以後舉行會報，可以提供一個月前者云。

8月13日　星期三　晴

職務

七月份會計報表今日完成，同時亦將說明信函最後補充完竣，正待發出，而總經理 Stretton 認為結出之盈餘數比六月份相差太遠，蓋上月份只為二萬二千餘美金等值，而六月份則為三萬五千也，彼囑先作分析說明，然後發信，余只能大概予以了解，而細說不能確指，尤其聚苯乙烯加工品部分，成本與盈餘俱難確說，無已，只好囑製表之周君詳閱其成本資料，因七月成本高於六月，而營業收入則低於六月，其中原因必在二者之任一或二者兼之也。

8月14日　星期四　晴

職務

由周君就六、七兩月之損益計算加以計算，逐一產品分析其四種情況，一為銷貨量之增減與淨額，二為銷貨金額之增減與淨額，三為銷貨成本金額之增減與淨額，四為銷貨成本量之增減與淨額，以此四項淨金額與銷管費用之增減淨額合併處理，即為純益之兩月差額，余並再就其為數超過美金千元者擇要彙列，以便省覽，持向 Stretton 說明後，結果始將信函與表報發出，今日已為月後之第十工作天，不容再延矣。

8月15日　星期五　晴

職務

宋作楠會計師事務所春間查本公司去年帳後，來帳單開公費十一萬元，曾依過去四年之例，本公司負擔二萬元，莫比公司負擔其餘數，函紐約請予照比例支付，久不獲復，而紐約方面主管台灣事務之 Fisher 來函表示本公司應可自行負擔，經 Stretton 考慮後，認為有檢討過去四年經過之必要，余乃檢查文卷為其寫成一項資料 Correspondence Quotations Regarding the Audit Fees of Taita 一種。半年未接紐約來帳單，有數筆代付款項有張冠李戴之處，函紐約方面請查復內容。

8月16日　星期六　晴

職務

本公司下半年業務本有超出預算之希望，且上半年已有數月有向上之趨勢，現因海外建築不多，三夾板出口減弱，本公司福美林銷路可能降至每月不逾千噸，較之預定 1,300 至 1,350 噸者，相差甚多，Stretton 囑按此項銷貨情形重加估計，經周君按數日前所算之下半年 Profit Plan 加以調整，純益為之降低多多矣。

交際

下午同紹寧到板橋童寓為其赴美辭行。晚，同德芳參加陸冠裳兄三子建閎之結婚喜筵於金山餐廳，贈禮券二百元。

8月17日　星期日　晴

家事

紹寧將於下星期二赴美，今日上午同德芳偕紹因、紹彭同赴榮星花園游覽，並攝影留念，初用黑白膠捲，後發覺並未攝入，換用富士彩色片，共照三十六張，待赴店內沖印，云須三天，紹寧不及攜走一張矣。

游覽

民權東路新闢私家花園榮星花園，久欲往游而未果，今日往游，見園內花木扶疏，布置幽雅，有引人入勝之妙，因園齡尚淺，樹蔭不多，而花卉亦鮮名貴品類，水亦不多，但其左側之大草地，有類廣袤之原野，不可多得也。

8 月 18 日　星期一　晴

職務

上週因採購處忽來通知，因有一批原料卸船提早一週，而輸入許可證未到，可能須向海關以押款三百餘萬元擔保提貨，余因突如其來，除囑其提早催國際貿易局核發許可證外，不能不作萬一之準備，而可用之款只有尚未動用之花旗銀行信用放款二百萬元，再加合作金庫未用透支一百餘萬元，乃向花旗行先期提出申請，上週六已答謂可用，然其時許可證亦已領到，不便再向銀行變更，乃於今日到該行照原議支用，即以大部分用於歸還合作金庫已透支數二百萬元，始行軋平。

8 月 19 日　星期二　晴

家事

紹寧赴美印第安那州 Notre Dame 大學進修，所定機票為 Pan America 今日飛行之包機，晨與德芳及紹因、紹彭往送其登機東飛，客人中並有張中寧夫婦、張敏之太太及童世芬夫婦來送行，在機場拍照甚多，八時出境登機後始返。

職務

編製八月份薪俸表，並將款送銀行。下午舉行八月份業務會報，三小時始竟，余提案兩件，請整理倉庫呆存之模具及超製成品等。

8月20日　星期三　晴

職務

紐約來信告以去年現金股利如何匯寄，乃將各種文件備齊，並於下午到中央銀行外匯局訪經辦之吳君，據云各件均符，但以前外匯審議會所通知之四月十日後准予結匯一點，文字含混，函請解釋尚未答復，故接受匯款仍尚有待，此事 Stretton 以電話詢問端木愷律師謂已洽妥，顯然又不相符，此律師之服務往往如此，真不知多出多少問題也。

8月21日　星期四　晴

職務

到國稅局訪二科高君，送其所要之本公司以五十四年盈餘轉投資緩扣股東所得稅一案之股東會決議，據云財政部已令該局予以複查，並核定緩扣案處理要點四項作為標準，余當抄出此四項標準，其中完全斷章取義，僅餘未將獎勵投資條例一筆勾消而已。

師友

小學同學趙蘭亭君來訪，徵求在其預先擬好之推薦書內簽名，請黨內為其提名競選市議員。

8月22日　星期五　晴

職務

為高雄交通銀行借款保證須提供印鑑證明書事，余昨函高雄廠朱科長表示望詢該行仍用舊法，憑對保不憑證明，否則只有待趙董事長回台後再行辦理，如不能等待，則須請 Stretton 解決，余無良策，其意即別處借款矣，今日朱君來電話，謂該行皆用印鑑證明，別無例外，故仍望照辦，並提出請袁廠長擔任一人，由余擔任一人，余告以如袁君承諾，可以照辦，後報告謂袁君承允，余亦只好照辦，其實心有不甘，蓋此乃公司之事，彼身為副總經理之葛君可以負氣不去區公所，余又有何不可乎？

8月23日　星期六　晴

職務

本公司保險採取 Replacement value 後，因紐約方面有數點需要澄清，乃由 Stretton 提出要點與余討論，獲致結論後，函太平保險公司予以答復，希望立即照辦。

師友

下午同德芳訪佟志伸兄，事先至乙一商店買手包與項鍊一套，贈其次女，緣其次女將於日內赴美，因所定飛機爽約，曾託余為之接洽新機，余既已知之，應有所表示也。

8月24日　星期日　晴

游覽

下午，同德芳偕紹彭到新店碧潭樂園遊覽，此樂園內有佛殿一座，此外即為若干兒童玩樂設備，又飯店茶座等，位於山坡之上，其中道路曲折，余等游覽一週後，即赴河邊之第二碼頭飲茶乘涼，以消盛暑，至傍晚始返。

娛樂

晚，同紹彭到東南亞看電影殉情記（Romeo and Juliet），一九六八年派拉蒙重拍，奧麗維亞荷西與雷納華丁主演，描寫小兒女一見鍾情而又生死一間之愛情，有入木三分之妙，穿插歌曲與鬥劍，亦皆極其精彩。

8月25日　星期一　晴

職務

與 Stretton 洽談解決以下各問題：(1) 加工二廠按訂單估計製造成本所用格式，此一格式一再變更，現在必須作最後之修正，修正方式多由周君提出意見；(2) 高雄廠提出人事意見，包括明年增加之人數與考績所需之增加數，前者須再加斟酌，經周君持赴高雄面詢，後者姑照所擬，但只供預算之用，實際當不至此數；每月成本分析表因打字小姐請假，七月份資料併入八月份合併打印。中華開發公司為世界銀行調查五年來工業資料，包括銷貨、輸入、納稅、增資等項，經即合力照填函送。

8 月 26 日　星期二　晴

職務

高雄電話云工廠變更登記已由建廳發到，正在印製影本中，余即據以辦公文答復建廳通知，該廳接到申請以 56 年未分派盈餘擴充設備之申請書，復文謂非在工廠辦妥變更登記後，不能核辦云。

瑣記

四月間由留美兩女所贈在正川買之 Cyma 金表，半月前忽日慢半分，送該店校準，謂第一週帶腕上，第二週上彈簧靜放，均仍準確，乃於今日取回，此情形甚不了解，只有日夜帶手上，再作觀察矣。

8 月 27 日　星期三　晴

職務

本公司美方董監事費計六人向係集體交美孚白鐵珊經理存入專戶支用，現在又交回 Stretton 接管，今日送來，余囑王淼經辦其事，該款係在上海銀行開甲種存款戶，每月支用若干皆報香港美孚公司，今後 Stretton 則須報紐約矣。

體質

自上星期二使用黑髮漿愛麗斯，每日二次，昨日理髮後見短者已變黃色，雖不類天然黑法，然已可不再加染，自昨日起減為每日使用一次，觀其效果如何，再定可否長期使用。

8月28日　星期四　晴

職務

本公司代莫比公司試製 Cap Wrap，荏苒三載，利益毫無，因廢品太多，但記帳關稅有待沖銷，故運港銷毀，但仍有部分原料因手續關係，不能免稅，補繳後全期墊款數始告大體確定，乃於今日重新開列墊款表，並起草信函，備向美孚領款，累計數已由兩年前所開之十七萬元增至五十萬元，縱能收回，利息損失亦不貲也。

8月29日　星期五　晴

職務

下午舉行加工品成本檢討會議，首先對一般性問題提出討論，此事在昔亦曾論及，但未有確定之措施，又有決定後扞格難行者，乃重複提出討論，尤其對於領料之控制，製品在開始時之品質檢查，又客戶對於送貨之調換，換回成品回收原料作價方式等問題，提出討論，皆有解決意見，嗣即討論每一訂單之盈虧與標準成本實際成本差額之分析等，其中發現若干特殊問題，深足為加工工廠員工所警惕，故會議並決定每次決議事項均應由工廠員工充分加以注意云。

8月30日　星期六　晴

職務

國稅局發來本公司五十五年以 25% 未分派盈餘擴充設備由於完工證明訴訟勝利之退稅計算通知，其中只有將申請複查時所繳半數追加稅款加以照退，但以余計算，由於四分之一所得免計入，應完全免稅，亦即除上項半數款外，尚有當時結算申報時所繳之十二萬元亦應照退，余乃於上午訪主辦之邱創典君，不遇，改訪主辦當時複查案前計算加徵之袁繼堯君，彼認為計算確有遺漏，但對於余之認為應全免一節尚有問題，彼主張當年中之五年免稅部分，免稅比例基本銷貨金額應由總銷貨額中減除 25% 擴充設備免計入所得額後始可，余認為不可，因當年核定 12 萬時係由最後所得額減除 25%，在計算五年免稅銷貨額比例時，並未先減 25%，現在改變計算，尚須補稅，不應有此先後矛盾之事也，彼允雙方先再行計算，並與邱君再行討論交換意見云。此事顯現獎勵投資條例適用方法之極端混亂，其複雜程度已達非局外人乃至非原經手人無從了解之境地矣。

8月31日　星期日　晴

參觀

歷史博物館舉行碑帖特展，上午往觀，公私出品皆備，琳瑯滿目，尤其大幅碑拓，懸於牆上，決非一般私人所能做到，而漢碑魏碑如此大幅者不計其數，此外則裱本以唐碑為多，法帖亦不少，惟展出三希堂，而無淳化閣，似本末倒置。又碑版全無說明，對外行無所指示，亦為缺點，余今日所見初次拓片甚多，而印象最深者則有二小品，一為唐崇福法師塔銘，六朝之意躍然紙上，而唐意獨富，二為歐陽通之泉南生墓誌銘，似乎比習見之道因碑為接近一般篆法度，意者其早年作品也歟？

交際

晚，政大二期同學舉行入學四十年紀念聚餐，到同學十三人，並眷屬七人，餐後並照相數幅留念。

記趣

德芳所植曇花，數年老本，除間有一兩年未有開花外，例為每年開花一朵，夏間已開一朵，原以為今年花事已過，不料繼續結苞，昨日開一朵，今日再開兩朵，一季共開四朵，過去未有之紀錄也。

9月1日　星期一　晴

職務

原定今日應已集齊之1970 Profit Plan初步資料，結果不如所期，尤其基本上最重要之銷貨數字尚未交來，至於已經交來者如管理費用及資本支出數字，則尚須有待於Stretton之再作推敲。紐約莫比公司保險部門來函索三月來函提及之一種不相干的保險報表兩種，明知其在本公司並不適用，只能用空白寫一nil字樣，然必須再行填報，余乃查閱有關文卷，以尋其表式，竟不可得，此種無中生有之事最浪費時間與精神也。

9月2日　星期二　晴

職務

Profit Plan正在積極編擬中，而Stretton又生枝節，彼於工廠送來之Capital Budget不置可否，但囑再按十二個月分配數詳加列舉，並因所送者為數太大，認此為一maximum預算，囑另擬一minimum預算，亦分十二個月，而工程處所擬之較大資本支出計劃亦須分為十二個月，其實此為以後之事，不知何以好整以暇，竟至於此也。將一月開酒會用款由慕華所管之Mobil Directors Fee列支之一半經由紐約轉付本公司帳者，作一說明函致紐約，謂不應再生枝節，請自行轉回云。

9月3日　星期三　晴

職務

本公司今年應編之明年預算，預定上月底資料集齊，但直至今日始見銷貨資料，而原料採購又須據此數字加以籌畫，如此無形中又延宕時間甚多矣。莫比公司保險部分前曾來函要去年底之報表，一為意外保險之Replacement value，二為船舶保險，其實前者未達其最低額，後者更風馬牛不相及，本已去函說明，但來函必要填表，乃勉強填表，前者用今年數字，後者則加Nil一字而已。

交際

晚，參加會計人員聯歡聚餐，並有月球探險彩色影片助興。

9月4日　星期四　晴

職務

高雄廠寄來人事資料備加入明年預算者，但只用中文，且說明太簡，無已，只好大約譯為英文送Stretton研討。業務部分已將銷貨資料擬好，但仍有不十分明白處，如外銷加工品之按使用原料估價者，其每噸原料之成品售價估得甚高，討論後無結論，只好聽之，又該項預算係依三種原料估計，但未分配於各個月份，詢之原編製者亦不能確指，只好武斷的予以分配矣，凡此種種，皆表現內部配合之困難云。

9月5日　星期五　晴

職務

上午與美孚公司舉行聯席會議，討論該公司根據其香港公司之想法，主張重新將本公司委託其代銷產品一事之方法改為用本公司發票，由本公司報營業稅，以便省去貨物稅貨物現在由該公司代扣之營業稅與該公司負擔之印花稅，亦即去年初期代銷三個月之情況，該公司製表以支持其意見，其實此一建議省稅作用甚為顯然，縱然稅法上無明白抵觸處，但在已經代為扣繳一年後之今日改變辦法，稅捐處之留難，恐所難免，故余主張須問過本公司會計師後，如無問題，亦須再得稅捐處書面同意，始可辦理云。辦理上月份盈餘預估，並於下午電報紐約。

9月6日 星期六 晴

職務

設計由來台北之高廠會計課長朱君依據過去三個月之資料對於加工品工廠各部射出機之製造數量加以分析，申算其全季之最高能量，此為 Stretton 所要求，用以核算究須如何按銷貨需要以決定應否增購及增購幾部機器也。

參觀

晚同德芳到博物館看當代書畫展，皆此間習見人物之作品，佳作有吳平、姚琮、卓君庸、謝宗安、魯蕩平之書法，陳雋甫、吳詠香、任博悟、汪亞塵等之國畫，大體言之，書多於畫也。

9月7日 星期日 晴陣雨

瑣記

今日稍涼爽，乃與德芳從事整理書籍，主要為兩個克難書架，將其中所置之紹中、紹寧出國前放置之書籍另作安置，並將部分地位原用於放置瓶皿者騰出，更將定期刊物之無保存必要者，取下準備處理，以免浪費空間，結果取下書籍約半架，順便將原來次序已亂之書，加以整理，並用原來放置雜物之鞋柜內面方形柜面，改為置放美術書籍，俾便瀏覽，勞頓竟日，始略有頭緒。

9月8日　星期一　陣雨

職務

辦公文致國稅局，說明五十五年本公司所得稅原核定為十二萬餘元，後因次年提供完工證明被該局認為不合，加徵該年稅罰共 52 萬元，經繳納半數申請複查，繼以訴願，該局敗訴，通知退回 26 萬元，但其核定為 52 萬元時，已將原核定 12 萬元時未加入之酚樹脂免稅所得額加入，而將擴建完工證明所得額剔除，今再算時自當由此時算起，將最後課稅所得額由擴建所得額減除，如此即全部免稅，並將原始 12 萬元併退也。

9月9日　星期二　雨

職務

依據過去三個月之實際情形計算五部加工機之射出次數，得其每月之 capacity，以供辦理預算之參考，此事之原始資料係交高雄廠朱課長摘計，但錯誤缺漏滋多，一再查詢，費去不少時間。編製九至十二月之 Cash Forecast，係以兩月前所編之半年者為藍本，去掉七、八兩月，重新修正計算，大體至年底不須更舉多債。

交際

應邀參加全國律師公會之慶祝律師節茶會於中山堂。

9 月 10 日　星期三　雨

職務

寫作上月份工作報告，備提下週舉行之會報。本公司委託美孚公司總代銷產品，有間接外銷，以外銷價格收款，另以定期支票為保證金，到期如不提供退稅資料，即將支票兌現，改為內銷價，但一年以來已積一百餘筆，金額一百一十餘萬元到期不兌，上月決定清理，限八月底將積存者理清，但美孚仍不照辦，今日乃按決議將支票退回美孚，請其提出交換，不料該公司經手人另有見地，不肯照收，電話中且有無理推諉之意，余詢葛副總經理，彼不主通融，余乃囑去人將支票帶回，另行以郵遞雙掛號寄往，此支票本為代保管性質，今竟諉之他人，恬不為怪，實所罕見也。

9 月 11 日　星期四　雨

職務

下午出席與美孚公司之聯席會議，討論間接外銷之客戶支票兌現問題，該公司昨日拒收本公司送往之支票，初尚振振有詞，余告以余不過執行雙方聯席會之議決案，如有異議，亦應在事先提出，且客戶支票有逾期一年即將失效者，萬不可再事拖延，經決定該公司先將本公司郵往之支票照收，一面由兩公司主管客戶之人員逐一檢討，如有應有本公司或美孚應負責之拖延原因者，另行處理，否則不再詳究其內容，應即交換收款云。

9月12日　星期五　雨後晴

職務

寫作八月會計報表之分析函，送紐約方面，此次營業情形與營業預算極為接近，與本月初估計數字亦極為接近，而各項差異百分比亦大體上極為正常，洵不易也。編製八月份資本支出預算與實支表，除代美孚付款建立貯槽倉庫一計劃不及列入外，其餘與平時月份相同。

9月13日　星期六　雨

職務

美孚公司對於間接外銷之保證支票，經前日移送雖未有異辭，然至今未經簽收，自然尚在逐一審核研究，此種態度至不友善，余乃通知出納至加注意，對於該公司續送支票不予照收，蓋此項支票乃該公司應自行收取保管以至核退者，本公司代管不過依照該公司表示因其香港方面不許保存支票及不許經辦外銷與退稅業務，本公司為協助解除其困難，乃作權宜之計，今既如此不通事理，本公司當不願再自找麻煩矣。

9月14日　星期日　陣雨

娛樂

數月前曾函索中國廣播公司琴韻歌聲節目現場入座

券，直至數日前始行寄到，今日下午三時與德芳往觀，本節目全為流行歌曲歌唱，計到有于峯、孫荊秋、趙曉君、楊燕、紫蘭、王慧蓮、趙莉莉、秀瓊、張美雲，以及特別來賓電影明星韓湘琴等，惜地點在國際學舍體育館，太過悶熱也。

9月15日　星期一　陣雨

職務

以前規定支付款項之當時未取得正式單據者，應在傳票後加附一項待補憑證備查單，由負責人據此單持正式單據換下其備查單，但此法行之數年，有寖成具文之勢，蓋有若干人將款用出後仍然不補，又有單據補入時並未將備查單抽下，故余囑同仁先就今年之傳票所附備查單加以檢查，凡已補者即予抽下，未補者即開單催辦云。高雄廠函送美孚公司 Bulk Storage Facilities 計算下之修訂 Payment Schedule 與工程進度報告，當即備函送該公司囑其對於明日到期之應付款 50 萬元即予撥下云。

9月16日　星期二　晴

職務

上午，因頭寸甚緊，而 Stretton 又不忘借款日多，利息負擔日重，乃極注意美孚公司貨款之未能按期撥到，遂由余電話該公司聯絡，據云將於今明將上月底應付之貨款二百餘萬元付清云。間接外銷到期保證支票應於九月底到期者，依開會決定辦法早應通知顧客準備款項，但詢之業務處，只謂美孚正在清理通知中，而又無確期，乃催其轉催速辦，以免月底重蹈覆轍云。下午舉行本月業務會報，余除報告事項外，提案請業務處與工廠配合對於客戶換戶與發票等手續務於二個月內完成，並勿在退貨未到即先發新貨。

9月17日　星期三　晴

職務

美孚公司來員詢問今後該公司所收之外銷保證支票如何處理，余告以因本公司送去該公司之八月底到期支票一百另九張至今未將清單簽回，於是此等支票雖不在本公司，然形式上並未交出，為免將來麻煩，暫時不再代為收取保管，來人謂如果照簽收後如何，余謂彼時可仍為收管云。編製九月份薪給表，此次之表一氣呵成，竟未搽改一字，計算亦未久久不能縱橫相符，其迅捷非事先所料及。與史載敦談 PSF 工廠加強管理事，認為十分重要，且已有漸漸收效之徵象云。

9月18日　星期四　晴

職務

本公司與長春、李長榮聯合投資之長達公司正在清算中，但因稅捐處不肯速將所得稅結案，故始終不能結束，今日該公司經理已先將股份退回，由原代表人員七人代為簽收並將支票收帳。下午與美孚公司約集雙方會計師章宗鈺、程寶嘉二人討論香港美孚公司主張之改定合約，仍由本公司自開發票與記載應收帳款帳，藉以省卻各項貨物稅貨物之營業稅，余表示為應付稅務人員之無理取鬧，應慎重考慮，美孚白君亦同意，將以換文方式簽復香港美孚之建議。

9月19日　星期五　晴

職務

本公司透過美孚公司與客戶訂約每月購貨達若干噸即按優待價計算，但須按差價開保證支票，以備客戶不能達成標準時即將貨款差價沒收，此事最易疏忽，經囑記帳人員切實注意，今日來告謂有兩家未達定額，亦未見美孚補開發票沒收差額，遂函業務處轉知速辦，業務處意立即開 Debit note，余意先由該處通知辦理，設無反應，即開 Debit note 云。

交際

晚參加美孚公司雞尾酒會於圓山飯店，該公司介紹其東京來賓。又參加吳惠波丁德先之三子結婚禮，禮金二百元，與德芳偕往。

9月20日　星期六　晴

職務

因 Profit Plan 內加工工場添四部新機器後，人員折舊俱增而銷貨數字不增，以致成本高出售價，乃商於 Stretton，彼主增加銷貨收入，但因無具體數字，且改變項目連帶影響太大，遂決定改由減低銷貨成本著手，但又因總銷貨或不致使總盈餘太低，又決定暫時不減，以待最後純益數有結果時再加斟酌，此事完全不能客觀，余於 Stretton 之作風太過注意應付紐約，不惜只顧表面，深為訝異也。

9 月 21 日　星期日　晴

瑣記

因紹彭補習數學仍然感覺困難，而家中對於新數學竟無人知其大概，余乃從初中入手，欲漸漸窺其問題所在，日來已將國民中學教科書數學第一、第二兩冊看完，內容為算術、幾何、代數之混和編排，並加入新資料集合論等，此等資料最為難懂，究不知其時時提起之空集合聯集合等具何作用也。

交際

晚同德芳參加張雲泰代表長子之婚禮，並送禮金二百元。

9 月 22 日　星期一　晴

職務

Profit Plan 原定今日完成，但因等待資料，直至今日始約略達到純益數一千萬元，先商之 Stretton 認為合理，實際如嫌太低，必又用增加銷貨與降低成本等方法以達成之，故根本並非面對現實，只是以主觀想像而求向紐約交卷而已，於是經辦之周君如釋重負，可以不再更張而從事計算並編製總表也，余則趕計所得稅，由於各種免稅因素如聚苯乙烯與電木粉之五年免稅，當年盈餘之 25% 用於設備免稅，以及受獎物品百分之十減稅等，算來極費周章。國稅局派員呂君繼續查核去年所得稅，重點在核對帳目，中午並約其便飯。

9月23日　星期二　晴

職務

周君經辦之1970 Profit Plan已將完成，獨於Capital Expenditure部分感覺不易填製，余乃填就交其彙辦，其中主要數字參考工程部門與工廠所擬，尚不甚難，但Recap部分須將三年來之Carryovers逐年填入，須參照過去兩年來之實際數而又不能參照去年所填之半實際半估計者，故甚費周章也。又所得稅亦由余估計，由於免稅物品由明年秋後即相繼滿期，又須初次引用10%減稅規定，故計算甚繁也。

9月24日　星期三　晴

職務

1967 Profit Plan之問題層出不窮，由此余知西洋人之不顧事實全逞主觀比之國人為尤甚，緣此事本可完成，Stretton本已同意盈餘全年25萬美金尚屬合理，但因其上級Fisher來此主張再提高，彼乃完全推翻已成之句，今日主張倒果為因，須按盈餘三十萬以上倒求銷貨與成本數字，因計算改變已成之表牽掣太多，乃用比例式的武斷將銷貨單價提高，僅此不足解決問題，又將成本降低，如此勉可達成，並將總表明日先行完成，然後徐圖湊成附表，此作風殊大膽也。

9月25日　星期四　晴

職務

重新計算1970年Profit Plan內之所得稅額，並完成

Profit Plan，寫致紐約信於下午寄出。此事擾攘一個月，最後以極度之主觀編造方式完成一種表面比去年為高之預算，而其實應以何項增加列出細數，則尚不能預知，且資本支出部分亦多有主觀之改動，使原來製計劃之人員為之茫然，此種粉飾誇張，全然為過去官場陋習，可見天下烏鴉一般黑也。建廳鍾君來談 56 年盈餘擴充完工證明事。

家事

上午到中和鄉約姑丈明日中秋來寓晚飯，因姑丈另有他約不果。

9月26日　星期五　雨

職務

上午到國稅局與邱創典君談本公司五十五年所得稅因訴願勝利而發生之退稅算法問題，並面交有關文件副本，緣此一訴願按案前接該局通知僅將 25% 未分配盈餘由於完工證明送遲而發單增課之預繳半數申請複查部分退回，實際上該項數目係已含有計算基礎不同之補算原已徵電木粉後奉准五年免稅之數目在內，經本公司備文請予退稅，乃又混和計算，故本公司呈請原繳亦應照退，邱君鑑於此案之複雜性，為保護其本身，乃又將五十五年原算法改變，不但不退，且須追繳，余告以此種以新解釋適用舊案之方式，完全不合理，彼始允從長計議，然此事極端複雜，余恐該局再度運用拖延手段，或竟成立新案，又須訴願，瞻念未來，殊為之不能自釋也。

9 月 27 日　星期六　陣風雨

颱風

自昨日下午起艾爾西颱風過境，全省俱在範圍之內，強烈達十二至十四級，余在羅斯福路之舊屋雖不虞淹水，然構造太舊，漏水及吹損堪虞，昨日下午將客室通後院之木門四扇釘牢，入晚則注意室內漏水，並時時以電晶體聽廣播，至今晨風始漸弱，聞全省災情慘重，台北市亦到處積水，且有損壞房屋，招牌落擊計程車等命案，農作物損失亦屬不貲云。

9 月 28 日　星期日　晴

家事

下午同德芳到民生新村與富錦新村察看所定房屋，前者較為有人負責，故未見有颱風損失現象，後者則管理鬆懈，見室內各處由樓上漏下雨水，甚至地板泡漲而拱起，到其辦公處尋監工人員，亦不甚得要領焉。又同到哈德門廠買女用皮包，因接紹寧來信謂紹南在華盛頓頗有此需要，而正在準備寄發之包裹尚未交郵，正好將內容調整後加入寄遞云。

9 月 29 日　星期一　晴

家事

今日補放孔子誕辰紀念假期一天，在寓為紹彭評閱其志成補習班之英文作業，計第二週半冊與第三週全冊，其中多為文法而尤其偏於子句之運用，因該作業並未規定交其教師詳改，乃由余任詳閱之事，其優點為多為切進大專聯考之資料，缺點則為瑣碎而少系統云。

師友

陳長興兄由新竹來，閒談，據云新竹此次颱風甚勁，損害較台北為大云。

9月30日 星期二 晴

職務

美孚公司許君來送貨款，適余正為一問題煞費斟酌，緣程寶嘉會計師送來資料，稅捐單位認為代銷之月底結帳單有收款作用，將強各公司加貼印花，則本公司每月將增印花稅四萬餘元，余乃詢之許君，渠亦深為焦慮，商酌之下，乃決定對策：（1）不用官方所定結帳清單，（2）每月之各項 Sales Summary 不加正式蓋章，只作參考，（3）每月由美孚加製統一發票明細表一份，送本公司代結帳清單，（4）如稅務人員調查，即告以明細表代結帳清單，而現款支付只須在支票列本公司抬頭即可，別無收據。

10月1日　星期三　晴陣雨

職務

上午到國稅局與邱創典君洽談本公司55年所得稅退稅問題，邱君認為自身陷於進退維谷，如照其原來之算法則全部已完之稅應退，如照現在之須先減除免計所得額以計算免稅所得額，則不但退稅不多，且須補加稅額，完全不合，而現在該局所行者即為此一不通之辦法，邱君初欲本公司撤回再次退稅申請，以為將計就計之計，但經再度討論，彼謂目前各公司將提出訴願之案甚多，不妨先將申請撤回，待有勝訴之先例再行申請云。

交際

晚，三家Mobil關係公司在圓山飯店開酒會，歡迎紐約來之正、副總經理。

10月2日　星期四　雨

職務

與美孚會計營業人員談關於外銷之到期轉作內銷者之帳務處理問題，余對於本公司必須於到期向美孚收款之立場再三強調，然後討論各種情況：(1) 全部未外銷者，沒收保證支票，(2) 全部外銷者，如期收齊外銷證件，以憑辦理退稅，(3) 部分外銷者，速換支票按差額提出收款，(4) 全部外銷而部分退稅，其餘稅款內客戶自理申退者，則按稅種收取差額補開發票。

10月3日　星期五　雨

職務

草擬函件，答復美孚公司所提改變合約代銷字樣為推銷，由本公司自開發票，以省貨物稅貨物之營業稅一案之意見，余初係以 Stretton 名義擬就，彼又獨出心裁，主張由余寫一 memorandum 致彼，再由彼附送美孚。舉行內部會議，由 Stretton 報告由各人寫一件明年之 Personal Objective 之大要辦法。

颱風

自前日起即有中度颱風滯留省境，風雖不大，而雨則不停，又值中秋後海潮極洶湧，以致市區多處積水，為向來所無，余所住羅斯福路尚無礙。

10月4日　星期六　雨

瑣記

昨日之中度颱風，盤旋滯留，不離本省，雖風不甚大，而雨則不停，台北市幾乎處處存水，晨接公司工友電話，謂南京東路二段自第一飯店至伊通街一片汪洋，故不能上班，余告以在寓候電話，不再前往。余寓羅斯福路在馬路上及八巷外段皆有半尺之積水，至午未退，迨下午雨勢略歇，余始克出巷至古亭市場買食物，見蔬菜甚少而貴，雞蛋則漲價，但不若蔬果之甚，故買蛋若干而回，電則未停，水則斷續不絕，聞淹水區有高達丈餘者，亦可怕也。

10 月 5 日　星期日　雨

譯作

年來從事迻譯低度開發國家農業信用論，已完十之七八，因託譯之台灣合作金庫出版合作金融月刊在最後一篇加有「全文完」字樣，余以為該庫不再需要，故即停止，後悉係屬誤會，但又在暑中極熱，不願賡續，半年以來，迄未著手，現在秋涼，擬即早予完成，今日開始譯第九章「論監督信用制度」，已完成第一段「監督信用制度之目的」，凡二千字，為行文方便，仍用淺顯之文言，惟 supervised credit 一詞初不僅指普通之監督而言，然又不能再改用更好之名詞，故無法可以改善也。

10 月 6 日　星期一　陰陣雨

職務

美孚公司上月底應付貨款直至現在只付半數，以致今日須支付料價三百餘萬元又須向銀行動用透支，故數月來利息負擔陡增焉。與趙董事長討論 55 年所得稅請退案所引起之計算方法歧異，致稅務員建議先行將增請退稅部分撤回一事，渠意先將訴願部分現金收回再說，稅務員建議之辦法對本公司無損，故可以採用，俟初步退到後再議。

10 月 7 日　星期二　陰雨

職務

各公司間由於進口保稅或向銀行借款，有互相作保或互相簽字背書之習慣，然因各公司有外國股東之關係，常有由純形式至真責任間之不同看法，例如今日因開南木業公司向本公司要求為五百萬之商業承兌匯票承兌人，並自為出票人，華夏公司為背書人，持詢Stretton，彼即由真責任上考慮而須先調查三公司間之損害賠償責任，討論良久，待詢律師再議云。昨、今兩天下午休假。

家事

下午同德芳到富錦街看水災實況，見富錦新村水深五尺，而民生新村水深與人齊，並到聯合新村與聯邦蘇鴻炎君談完工與付款等問題。

10月8日　星期三　晴

職務

到國稅局面洽撤回申請55年所得稅退回最初核定稅額，並洽速退複查所繳半數部分。與Stretton談莫比公司今年分配盈餘保留匯回權利案，並由林天明君詢投資審議會，所指本年四月一日起可申請匯還，是指盈餘發生，抑指開始受理，據答云係指盈餘發生，因自此日經濟部始發變更資本執照也，其實不通，應自五千萬收足後再行分配之盈餘，不能由登記發照日算，趙董事長亦云然。今日將上月盈餘估出電報紐約，因銷貨降低，故純益減少，只有上月之半。

慶弔

徐松年君來訪，談將北返，並一同往弔經濟部長陶聲洋之喪。

10月9日　星期四　晴

職務

上午分訪朱國璋、蔣書棟二會計師，談其有無紐約聯繫之會計師，將建議紐約參考可否取代宋作楠在本公司擔任常年查帳，朱未遇，但後又來電話，蔣面談時謂有若干紐約公司可以聯繫，余歸白 Stretton，渠主張進一步探詢其條件，以供向紐約徵求意見之張本云。與 Stretton 洽談加速 Mobil 股利匯款之申請案。

交際

中午請稅捐處李、林二君便飯，向其詢問營業稅外銷退稅及代銷與經銷及總代理等之營業稅等問題。上午到市立殯儀館弔侯銘恩夫人之喪。

10月10日　星期五　晴

譯作

續譯低度開發國家農業信用論第九章「論監督信用制度」，本章已譯完，今日為四千五百字。

交際

晚，參加本公司董事長趙廷箴之喜筵，此為不久前其女在美結婚，對送禮者之酬謝。

10月11日　星期六　晴

職務

為調查此間會計師之有國外關係者，今日來訪有朱國璋會計師及程寶嘉會計師，又有日前往訪之蔣書棟會計師，今日又來電話，對其原已提出之公費金額由十萬元減至六萬元，至於朱、程二人只云可比現在宋作楠之十萬元略低而未具體言明若干。寫作上月份工作報告，備提下星期之業務會報，此一報告因通知過晚，今日必須交卷，以致不能詳加推敲，只能粗枝大葉寫出，而討論事項亦因倉促間搜索不出而從略焉。

10月12日　星期日　晴

譯作

續譯低度經濟開發國家農業信用論第十章，「論中央銀行在農業信用中之職能」，已完其首半，不分段落，只概述中央銀行二十餘年之發展歷史，約譯成三千餘字，本篇本名為 The Central Banks，在全書中以此為章名當已可以達意，今分期刊載於期刊上，自不能不有不易引起誤會之篇，因而未予直譯，經引伸如上述篇名。

10月13日　星期一　晴

職務

上月份之會計報表於今日編製成功，照例寫作一送表之信，此次有一特徵，即福美林銷貨特低，銷貨數字降低至預算以下，成本亦然，純益只有六十萬元，比往常只及其半焉。編製九月份資本支出月報表，本月份起將受委託代美孚公司建立儲槽與倉庫一計劃計美金七萬七千元開始列入，因該一計劃之金額在五萬美元以上，故須在表上單獨列出，可惜並無按月支用預算，故在月份預算一欄，只好依據實支情形參酌列數云。

10月14日　星期二　晴

職務

編製過去八個月之銷貨統計，並分成兩段時期加以比較，此為 Stretton 之意，其法為將銷貨數字分成四個月一段，品類則分為甲醛、聚苯乙烯、電木粉、發泡聚苯乙烯及聚苯乙烯加工品五類，並各求其所占百分比以為比較，又就逐月所作每月之產品別盈虧數字，亦分四個月為一段加以彙計，並各求其百分比，如此可以看出甲醛在後四個月減退，而發泡聚苯乙烯則急追而上，亦可見其大概趨勢也。下午舉行業務會報，余此次只提出報告事項，未提討論事項，因上次所提之事項已由其他部分說明執行情形也。

10月15日　星期三　晴

職務

莫比公司投資盈餘結匯權案，今日 Stretton 得投資審議會通知下午前往面談，屆時余與白鐵珊會同前往，與盧執行秘書接洽，此君認為結匯權自收足資本後即可申請，並不限於五千萬資本收足之條件完成日以後，甚至以前亦可申請，但因並未逐年對轉增資金額加以申請，故不易補救，但至少 57 年之申請中之轉投資應有保留匯出之權，但亦須申請外人投資，但目前為爭取時間，不妨仍以端木愷律師之申請保留結匯權為依據，補敘經過情形，將於下週先行提會，俟此結匯權核准後，再補辦轉投資之申請手續云。

交際

蔣書棟會計師約在第一酒店吃飯，並有美國來會計師等數人。

10 月 16 日　星期四　晴

職務

紐約來電，囑報告年底與明年底之銀行貸款與利息支出，經詳加估計，今年每月尚須付二十萬元，而明年因新工程較多，周轉金亦須增加，全年約需利息四百萬，超出往年最高負擔亦在一倍以上，用款多，利率高，皆其原因也。香港美孚公司葉君來詳談彼所提議之改變代銷合約以省營業稅事之我方意見，余將所提 memo 致 Stretton 經其轉該公司之意見二點從詳說明，又說明間接外銷保證支票難以兌現問題之癥結。

10 月 17 日　星期五　晴

職務

編製第三季財務報表送紐約，其中有比較 Balance Sheet 與比較損益表，須將其增減有十萬美元以上者加以說明，此事須將內容以一行文字說出其理由，而又不落窠臼，故煞費斟酌也。編製本月份薪俸表，並製傳票，將於下星期一發薪時用。昨日所編之預估年終銀行借款餘額與應付利息表，將內容扼要草成電報一件，經 Stretton 閱後，彼對於利息之遞增不認為嚴重，大為意外。

10月18日　星期六　晴陣雨

職務

日昨端木愷律師曾派員送來 Mobil 公司投資本公司申請保留匯出盈餘一案之有關文件副本，余於今日查閱此項資料後，即另寫一項節略，備送投資審議委員會對於懸而未決之本案之解決有所裨益，今日上午幾以全部時間用於此事，其實此僅為解決問題開闢途徑，能否收效，尚未可知，又本案實應由端木負責辦理，但因久久無具體結果，Stretton 又欲自辦，恐將來責任不專，更將招致困難也。

10月19日　星期日　晴

譯作

續譯低度經濟開發國家農業信用論第十章「中央銀行在農業信用中之職能」，今日所譯為此章之各論部分，分成四個段落，引言部分前已譯過，結論部分尚待續譯，此中間部分共五千字。

瑣記

五月間所買 Cyma 表，波折叢生，前日表的下面拴錶帶之鐵梁忽斷，竟不能再戴，送至買表之正川修理，今日始行取回，如此問題層出不窮之表，實生平所僅見也。

10月20日　星期一　晴

職務

下午到外國人投資審議會訪秘書組長，持所擬之說明莫比公司投資人立場之函稿，請其核正，彼初則擬予修改，及見所述甚為詳盡正確，乃將擬改各點自行取消，並云前接中央銀行外匯局請解釋所謂四月十日起准予匯款回美一節，本欲採今日余所擬之文的立場，但經濟部商業司人員亦為前該會主辦人員之李君堅持反對，致無結果，渠認為余之文稿甚為確當，經濟部以前所持之以四月十日為盈餘發生之開始准匯日，實屬錯誤云。

10月21日　星期二　晴

職務

舉行與美孚公司聯席會議，主要為討論業務，余所提出為外銷間接貨品之申退營業稅問題，其要點為稅捐處主張由扣繳之美孚公司申請，故余主張由美孚主辦，至於技術問題，最難者有二，一為須於出口後六個月內辦理，二為須由出口者代納稅者出具證明，如為第三方面，即不能接受，此二事現在不易做到，經決定由余與美孚白、徐二經理再作商討。

師友

侯寶志兄由韓國來，持贈人參茶二盒。晚李德民君來閒談。

10月22日　星期三　晴

職務

到花旗銀行訪萬彥信副理，談本公司 Credit Line 問題，緣該行曾來電話告現在結欠餘額，並提及如何再將原訂之各項限度再加斟酌，當時所談之數字與本公司帳上有異，疑其有一筆重複計入，詢之不知，查後果爾，蓋因該行據本行借款開出信用狀，對方付款通知到達又列一次也；繼續將來用款問題，余提出將買四部 PSF 機器約十二萬元美金，但明年可能再用至美金約百萬元，該行之意最好一次申請，蓋余希望作長期借款，該行認為最好照大數申請，俾作信用調查也，又其利息照 ■ dollar 加二釐計算，且須美金，其政府外匯不能付之部分且須另作打算云。

10 月 23 日　星期四　晴

職務

與 Stretton 及葛、高、周三君談改編 1970 Profit Plan 事，緣自一月前將主要表寄出後，附表因候變更數字，迄未續製，而紐約已來函查詢，Stretton 乃對於銷貨與工廠生產數字再加討論，作最後決定，並立即趕編新表，期於本月底趕出交郵。因利息負擔漸重，Stretton 詢原因何在，余告以美孚貨款遲解，為一要因，並依彼意將可能浪費之利息三個月來約七萬餘元算出，以便洽請改善。

交際

晚與德芳參加逢化文兄之七十壽宴，並送禮金二百元。

10 月 24 日　星期五　晴

職務

訪華僑及外國人投資審議會龔組長及任君，詢以本公司大股東莫比公司申請去年增資盈餘保留結匯權利一案之處理情形，據云未提昨日例會，乃因經辦人對此一複雜案情尚未完全明白，故準備再加深入研究，然後提下週之會，余詢以是否應有補充解釋或補充資料，據云無須，彼等已了解甚多云。宋作楠會計師事務所自二十一日開始查今年帳，今日抽查今年之薪津支出，並談加班費計算方法，公司與工廠似有不同，經予以解釋。

10月25日　星期六　晴晚陣雨

旅行

上午，由台北出發，參加台達化學工業公司之日月潭旅行，由九龍游覽車公司開車，內座五十人，八時出發，十二時到台中，分頭吃飯，下午二時再行，三時三刻到達，事先定有日月潭教師會館之房間，余與德芳住一間，紹彭本亦同往，但在日月潭遇其女友孫愛禎，夜間雇車送其回彰化，乃約定明日在台中會齊北返。到日月潭後雖為舊游之地，但建設甚多，尤其日月潭教師會館為一新建築物，惜今日住用後發覺該屋甚為簡單，房間多無衛生設備，且不隔音，雖環境甚好，而虛有其表也。

10月26日　星期日　晴

旅行

上午八時與台達公司同仁游潭，凡經光華島、化蕃社與玄光寺三地而返，其中玄光寺為新名勝，為紀念日人送回在南京中華門所獲玄奘法師舍利子而建，有碑記，且正在勸募慈恩塔，回教師會館已十一時，旋午餐，於下午一時返台中，因途中險遭車禍，司機為鄉人所詐，遷延一小時，四時到台中，買太陽餅等食品後續返，於八時半到台北，此行因汽車位窄，車上甚擠，以致不甚從容，而有疲乏之感。

10 月 27 日　星期一　晴

職務

為 1970 Profit Plan 自上月將總表寄出後，附表內容因總經理 Stretton 表示須加改動，遲遲未能編就，但紐約久候不至，來信查問，乃又決定趕辦，而不同者只有原料成本互有升降，淨可增加二千美元，殊不足道，今日詢之 Stretton 為加速編製可否即行不改，彼不同意，只好再行重擬矣。下午休假。

家事

紹寧來信要書，往淡江書局買來，竟與其在台大所用前已寄去者相同，無已，乃往退貨，並函知只好買原版矣。

10 月 28 日　星期二　晴

職務

為趕編 1970 Profit Plan，今日又重新將利息支出計算加入，上次在匆忙中為不誤時間，將利息估計為美金 48,000 元，此亦為歷年之最高額，其後又接紐約來電查詢利息支出，余乃重新按明年用款情形細算，始知可能達到 115,000 元，相差懸殊，今日乃重新按月加以計算，其總數與電報者相似，即予採用，又有大項目支出為佣金，年達 160,000 元，合計新台幣一千一百萬元，與純益額不相上下焉。

交際

晚到崔唯吾先生寓吃飯，在座侯寶志等皆為中學時代同學。

10月29日　星期三　晴

職務

中華開發公司林君來調查本公司運用該公司貸款建立聚苯乙烯工廠與電木粉工廠之成果，並對產銷情形依據本公司每三個月所報告之數字加以核對。重編 1970 Profit Plan，經周君依據新改之銷貨與成本加以改定，但最重要者為利息支出，余本依估計定為年支美金 48,000 元，後經細加斟酌估計，變為 112,000 元，增加特多，致純益減少，Stretton 為粉飾表面，仍主用舊數字，故未再改云。

體質

下午到聯合門診看鼻疾，因連日嗅覺益形減退，且流涕甚多，取來外用與內服藥二種，大約仍係治過敏性之藥品也。

10月30日　星期四　晴

職務

周君所擬之 1970 Profit Plan 於今日脫稿，余只就其總表加以複核，發現有計算不準確處，但只為資產負債表有關科目，故不影響成本與費用之計算，又 Stretton 之意見最多，今日除對於前日所擬加入之逐月主要原料區別單價外，又將加入每月內購、外購數量與使用結存數量，可謂不倫不類，徒然混淆各表之一致性矣。

10月31日　星期五　晴

職務

1970 Profit Plan 作最後定稿，Stretton 猶認為原料之苯乙烯作價計入成本不甚準確，經電話詢問在高雄出差之高銓君，仍不得要領，經即決定照其所提供者計入，於是交打字員打字，望能於明日發出。下午訪僑外資審議會龔組長均平，詢昨日開會對本公司股東莫比公司匯回盈餘保留權利申請之結果，答云經一小時之討論，已照本公司所請者通過，歸報 Stretton，甚表滿意，認為凡事自辦勝於委託會計師、律師，但余告以此事乃經辦之端木愷之特殊情形而已。

慶弔

到實踐堂與國民大會為蔣總統八十晉三拜壽，公司並食麵以祝。

11月1日　星期六　晴

職務

1970 Profit Plan 於昨日開始打字，今日繼續由三打字員分頭辦理，余則備函說明，此次所送主要為 Supporting Schedules 二十餘頁，但因銷貨與成本數字較之第一次所送又有變動，故當時所送之總表（無附表）須另行編製，亦於此次送往，所不動者只有 Capital Expenditure 部分，仍維持原案數字。

師友

下午同德芳到永康街訪王慕堂夫婦，閒談，為王兄退休後初次。

交際

晚，應侯寶志兄邀在悅賓樓吃飯，事先並代往邀張曉古兄。

11月2日　星期日　晴

慶弔

上午到市立殯儀館弔祭蔣文彬兄之母喪，並送賻儀。

參觀

下午到歷史博物館看兩種展覽，一為樹石展覽，以榕樹、槭樹、楓樹等盆景為主，並有各種奇石，均不乏佳品。二為張目寒收藏書畫展，及其七十生日張大千所畫黃山圖，的是佳作，以余觀之，比長江萬里圖尤勝一籌，此外則所展書畫亦多精品，如張大千、溥心畬之作品，書畫並擅勝場，而所藏重慶時代之吳稚暉、謝旡量、沈尹默之書札等，亦皆為引人入勝之作也。

11月3日　星期一　晴陣雨

參觀

上午先志同學四人約由韓國來台之侯寶志兄出遊，先到故宮博物院，此次特展有祝壽書畫作品，皆為大件，而一般書畫與瓷器、玉器、銅器亦皆大部更換，因余已經年未往觀覽也，中午在百齡餐廳吃飯，飯後又到士林園藝所參觀，此次蘭花不多，而菊花甚盛，又有奇石與盆景展覽，並皆出售，年來此類出品特多，恐行市不能持久也。

11月4日　星期二　雨

職務

本月份聚苯乙烯貨物稅完稅價格突然提高百分之二十，然售價依舊，顯不合理，經辦裡公文，派貝、孔二君會同由工廠北上之朱課長三人今日兼程趕往台中向財政廳交涉調整降低。與趙董事長談長達公司之盈餘不入台達正式帳之處理問題，並無結論，將先試探紐約方面之態度，但初步工作為先將本公司已收盈餘加以統計，並預估本年清算後之可能盈餘情形。

11月5日　星期三　雨

職務

舉行成本檢討會議，除對於加工品十四案逐一審核外，並就一般性之事務提出討論，其中最重要者為客戶換貨，以前本定有當月換好並將退回次品回收原料，但久久不能澈底解決，近則更有延宕至數月之久者，以致不能結算盈虧，影響月算，經決定重申此項規定，並由業務處洽總代銷美孚公司注意辦理；又分析表格式現在已逐漸進步，但仍嫌有重複之處，有待改進云。

交際

外資公司會計人員晚在瓊華樓聚餐，並廣泛交換意見。

11月6日　星期四　晴

職務

本公司有以保稅方式進口之原料，須憑出口證件在一年內沖帳，始可免於受罰，現在有三種主要原料，其中退稅沖帳方法各異，一為 methanol，須憑向本公司委託加工尿素膠按使用於 formalin 量退稅，今日又有新進口記帳者，計一千噸，在計算銷貨成本時須預計消費量，今日與高君商定，按一年預計，分布於各月份，俾免有稅、無稅原料有畸輕畸重之弊，二為苯乙烯，因聚苯乙烯出口大減，只有間接出口，而美孚代銷又只退現金，沖帳難以如期辦理，三為酚，尚屬簡易，暫無問題。

11月7日　星期五　晴

職務

寫作十月份工作報告，除將該月事項詳細報告外，並寫提案一則，請各有關部門對於聚苯乙烯原料苯乙烯之記帳關稅由於年來未直接外銷不能迅速沖退一節多加注意云。下午擬電報致紐約報告十月份盈虧估計，此月之銷貨超過預算一成，估計結果純益亦超過一成，故甚為合理，總經理Stretton赴高雄廠，在電報未發前曾以長途與其聯絡，彼對於此點甚為同意，不似上月之缺望云。

11月8日　星期六　晴

職務

Stretton囑調查本公司為開南及華夏等公司以背書或承兌方式擔保之事項共有若干，此事由葛副總經理主管，余今日依據其每次各該公司之來函列成一表，計有十餘筆，但有資料不全者，尚須向該申請公司查詢，始得全豹。

11月9日　星期日　晴

譯作

續譯經濟開發中國家農業信用論第十章「中央銀行在農業信用中之職能」，已經完竣，今日譯約二千字，全篇約一萬字。

師友

張中寧兄電話云，陳果夫先生之之師母病膽，刻住榮民總醫院，約一同前往探視，並帶柳橙為贈，比至，見陳師母瘦弱特甚，抽膽後尚未拆線，臥床只能視聽而不能言也。

11 月 10 日　星期一　晴

職務

舉行本月份業務會報，余提出報告事項照例分財務與會計外，並提案一件，請業務處與工廠聯繫解決記帳關稅苯乙烯單體之沖帳不足額問題，蓋沖帳必須使用原料於外銷，但半年來外銷聚苯乙烯極少，其間接外銷方面又常常以客戶名義退稅，退來現款，不能沖帳，將使不能沖銷部分須於事後受罰云。

交際

上午，到花旗銀行參加其遷移典禮，並參加其典禮後茶會。

11 月 11 日　星期二　晴

職務

編製明年十二個月之 Cash Forecast，其中損益資料由周煥廷供給，原料資料由高銓供給，而由余加入資本支出、所得稅、年終獎金及長期債務歸還資料，計算結果，現金短絀，較之今年尤甚數倍，全年竟累積至於美金一百餘萬元，而大部分係資本支出，應以長期性借款充之。

集會

晚參加經濟座談會，由經濟部參事吳祺芳報告世界經濟思潮與經濟發展的現勢，以幻燈片指出數字，甚清晰。

師友

晚，蘇景泉兄來訪，贈新印小冊及台大校慶戲票。

11月12日　星期三　晴

省克

地方自治月刊載總統修養自勉四箴，甚可涵泳，原文云：一、養天自樂箴：澹泊沖漠，本然自得，浩浩淵淵，鳶飛魚躍，優游涵泳，活活潑潑，勿忘勿助，時時體察。二、畏天自修箴：不睹不聞，慎獨誠意，戰戰兢兢，莫見莫顯，研幾窮理，體仁集義，自反守約，克己復禮。三、法天自強箴：中和位育，乾陽坤陰，無聲無臭，主宰虛靈，天地合德，日月合明，主敬立極，大中至正。四、事天自安箴：存心養性，寓理帳氣，盡性如命，物我一體，不憂不懼，樂通順天，至誠無息，於穆不已。

11月13日　星期四　晴

職務

1970之Cash Forecast前日草就後於今日複核，並考求支出過多之原因，發現此中之工廠資本支出係誤按累計每月數列入，致膨脹過多，乃予以改正，但最後之累積全年現金短絀數仍在30萬美金以上，下午與Stretton會同審核內容，並用大數測驗，以盈餘加折舊減資本支出與還債，似不致差得如許，其原因應於Working Capital增加中求之，余只提原則，渠即由銷貨額與收款額二者相較，果然發現中間即含有此中差額焉。

11月14日　星期五　晴

職務

寫十月份計算表之例行信函致紐約，並編製資本支出表，均預定今日完成寄出，但因打字不及，須明日發出。下午同 Stretton 與白鐵珊二人到投資審議會與盧執行秘書討論本公司最近各項擴充計劃，在莫比公司立場即為增加投資，盧君種種見解與其主管科所表示者不同，故於談後再與龔科長洽談，結果只有照盧之方式辦理，又 Stretton 對於莫比投資公司事將由公司辦理，不提所託之律師端木愷，且此次必須立即申請之案為現在之擴充聚苯乙烯計劃，盧君主張下星期一即行辦出，Stretton 亦即照此計劃辦理，余深感不勝其苦焉。

11月15日　星期六　晴

職務

加工寫作莫比公司以本公司去年盈餘 306 萬轉作投資之申請，並依昨日談話結果，將正在著手中之以今年盈餘擴充四部加工品機器美金 12 萬元之 51% 列入，並寫明將以明年之股東會決議為準，後者尚在萌芽中，故得 Stretton 同意後始為之。

娛樂

下午與德芳看中山堂電影「揚子江風雲」，李麗華主演，主題甚佳。晚與德芳看台大校慶平劇彩排，以李長城、沈慈暉之坐宮及張亞力、陸秦生之射戟為佳。

11月16日　星期日　晴

參觀

到中央圖書館參觀文藝作品展覽會，皆為自由中國作家之出版物，另有各書店發售優待書報，比平時多減百分之十，顧客多為中學生，尤以水牛、皇冠、仙人掌等出版社之觀眾為特多，亦可見時尚之一斑。

選舉

昨日為市議員之選舉投票期，余與德芳皆投鄰右之楊黃秀玉，開票後知已當選，於是自昨晚起至今日鞭炮不息，多為報喜與打秋風者。

11月17日　星期一　晴

職務

前日寫好之莫比公司申請以去年本公司盈餘轉增資申請書，於上午打字完成，Stretton即與投資審議會之執行秘書魯令士通電話，將自己送往，但對方認為只派人送去即可，但彼個人應有一份，余乃與龔組長通電話，告以此事，並擬往訪，但彼云只須派人送往，並俟主辦人看後再行表示意見，Stretton即囑余到該會送交，余乃前往，分別將其中之一份無附件者送魯君之打字小姐，另以有附件者一份及無附件者一份送該會外收發，取回三份之收據。下午休假半天。

11月18日　星期二　晴陣雨

職務

編製十一月份薪津表，因例行瑣事太多，倏作倏輟，最易出錯，直至下午始行完成，此次因須扣還由公司墊付之颱風捐款一日所得，故每一職員之收支數目皆與平時不同，而須逐一計算，故費時特多。Stretton 對於 Profit Plan 與 Cash Forecast 認為太過重要，故在前者完成後仍在繼續推敲，認為必要時又須重作，並對於高君所供給之原料數字不盡詳確表示不滿，謂本處在採行時須加詳核，余告以每年均在趕辦狀態中，實無推敲之餘地也。Stretton 自與投資審議會接觸後，又將準備以美孚貸款建設之儲槽計劃，須作外人投資申請，余告以對此等事向甚生疏，須查詢清楚，蓋余不知其目的何在，作為投資或貸款，目的在匯回或其他，尚不之知也。

11 月 19 日　星期三　晴陣雨

職務

今日由周君完成重擬之 Cash Forecast for 1970，計分兩種，一種為將於年底購置四部加工品機器，一種則不予添置，前者之現金虧較多，後者較少，然此皆可以約計而得，但在 Stretton 之作風範疇之下，此種算來算去之工作將永無寧日也。與高雄廠洽定，美孚公司委託代建之貯槽倉庫計劃用款，因颱風延誤之進度已經趕上，故原來付款期不予改定，經函復美孚仍請按期撥付。

11 月 20 日　星期四　晴

職務

與 Stretton 訪經合會投資業務處王覺民副處長，談美孚公司借款本公司興建儲槽與倉庫之投資外匯問題，良久不得要領，蓋余認為此非本公司或股東之投資，乃美孚之投資，如欲申請外匯匯還，乃美孚之事也。訪中央銀行外匯局吳漢梁君，託匯美孚公司在本公司去年所分現金股利，彼認為投資審議會已通過，可以照辦，審核後即通知結匯，至轉投資部分則須等待審議會之通知云。到國稅局洽辦若干地址不清之去年報繳的扣繳憑單，取回再作調查。

11月21日　星期五　雨

職務

紐約方面已兩次來電詢問由於折舊率之變更而影響於一九六九與一九七〇年之盈餘為何如，余因連日太忙，未遑作復，昨日即趕囑高雄廠速按財政部公布之公式重新計算兩年之有變更折舊率之福美林、尿素膠及加工品之工廠應增提若干，今日獲復，立即分析其資料，結算其差額，並將兩年之稅前稅後純益如何變更作成電文，於今晚電紐約查照。編列代開南與華夏二公司背書擔保數額表，此為 Stretton 所要，目的在減少此種片面之擔保云。

11月22日　星期六　雨

職務

Stretton 為增購機器生產加工品需款美金十二萬元，本欲以自有資金為之，於是數度為之編製 Cash Forecast 始信自有資金不足，須向銀行借款，自明年預算成立後，又編 Cash Forecast，彼則一再推敲，認為現金不至如此短絀，而又不能確指，余告以銀行放款所注意者為借款人之盈虧而非現金，且有盈餘而缺現金，乃貸款之頭等對象也。趕算明年原料成本之實際可能價格，原估計所用之高銓君所列數偏高，Stretton 主張加以調整，並將昨日所算之折舊變動數亦予列入。

11月23日　星期日　陰

瑣記

余所訂購之富錦新村三樓房屋，一再催其完成，彼方則一再催交尾款，實際則監工人員並不負責，昨日曾來電話，德芳詢以是否完成，並允今日往看實況，而於今日與余前往，見仍有地板、馬桶、電源、自來水，以及若干開關如電視天線等，尚有所待，乃再度限期，希望三日內完成云。與張中寧兄約定於今日再度往榮民醫院看陳果夫師母之病，但余到圓山車站候晤，待半小時仍不見張兄之來，乃廢然而返，事後張兄電話云，因另借車前往，以致在圓山錯過云。

11月24日　星期一　晴陣雨

職務

全日從事勞而無功之事，其一為 Stretton 定欲為 Mobil Hong Kong 委託建立儲槽倉庫事向政府為投資之申請，余告以此最多只為香港之事，彼以港幣匯入，借之本公司建立儲槽倉庫，於十五年歸還，此種歸還乃負債之減少，與是否有盈餘及分紅無關，故不能視為盈餘之匯還也，彼仍將信將疑，且明日將與律師會談，本欲余亦參加，余婉謝之，其二為每日呶呶不休之明年 Cash Flow，余與周君為之核對究竟與按照應收應付基礎所計者何以不同而同，時間費去許多，彼以有誤者，終證明無誤，三為投資審議會忽電話告彼，速將今年 PS 擴充計劃之進口許可與採購器材開示，及往，與主辦任君接洽，彼不認為有用，只謂所提申請內容多不相干，此乃依據其執行秘書所示辦法辦理，至此任君又謂此種申請仍用普通公函為宜，且應用代理律師名義，歸報 Stretton，彼仍認為可以自辦，將用彼之名義為代表人，余唯唯，綜觀此人之遇事強不知以為知，且喜超過其所應了解者，而不顧惜負責人之時間有限，無休無止，可為浩歎！

11月25日　星期二　晴陣雨

職務

上午與 Stretton 到花旗銀行接洽借款八萬元（美金）進口四部加工品機器，彼本希望用長期借款，但該行只允用 Usance Credit 方式，與余所洽者相同，然彼事先多所準備獨出心裁，將許多資料面交，而該行主辦方面並不立即披閱，只允異日派財務分析人員加以研究，俟到本公司辦理云。Stretton 對於代表莫比公司向政府申請案件，今日始認為有研究餘地，余告以投資會主張應由律師為之，必係早年有授權手續，余到公司甚晚，不能確知，彼至此始將信將疑，進行與律師聯絡云。

11月26日　星期三　晴陣雨

職務

數月來發動之點查借出資產並收回借據一案，直至今日業務處始辦理完竣，通知本處。將重算之三種主料詳細成本及政府改定之折舊率如何影響製造成本列表，寫一長函復紐約之 C. C. Fisher，副本抄送 White 與 Berry。中午參加 Stretton 約集之餐會，尚有端木愷律師，飯後同訪投資審議會，晤副執行秘書方君與主辦任君，余事先已擬好一項由端木具名之申請書，所列舉者皆任君日前所告，但扣繳綜合所得稅一節，則註明依獎勵投資條例七、八條減緩，二人將信將疑，說明良久始明白，但謂將會國稅局，此一投資申請資料即交端木取去經辦矣。

11月27日　星期四　晴

旅行

上午乘觀光號火車赴台中，十二時到達，住民權路綠洲飯店。

職務

到中興新村訪邱東旭兄，不遇，乃直接到稅務處訪主辦貨物稅之樓紹英稅務員，洽詢二事：（1）十一月份聚苯乙烯貨物稅完稅價格定得太高，本公司損失十萬元左右，請謀補救，據云此事起源於台南成功廠之出品，其成分近於耐衝擊聚苯乙烯，平均價致有超出，已飭台南稅捐處查報，俟接報告必登報設法補救，十二月份則將恢復十月舊率，（2）關於向石油公司免稅購買石油醱事，已指令高雄稅捐處，其實可以直接核准，不必請示云。訪建設廳鍾明源君，將洽辦其工廠登記事，但不遇，只好另謀聯繫矣。

11 月 28 日　星期五　晴陣雨

旅行

上午七時餘由台中啟程北返，十一時到達。

閱讀

乘車利用時間閱讀本月份傳記文學，本期半數文字為紀念左舜生氏者，文章俱有分量，尤以方東美先生之「苦憶左舜生先生」，可謂文情並茂，蓋方先生與左氏在初期少年中國學會有甚深之淵源，但見解至青年黨從事政爭而分歧，所述婉轉曲折，穿插以當時之個人故實，益覺生動也。

11 月 29 日　星期六　晴

職務

依本公司與美孚公司所定代銷合約，應於每三個月底支付該月之貨款，以前因該公司拖欠太久，Stretton去函催索，該公司本月起將履行契約，今日將全月貨款支票送來，日期為明日，但要求後日提第二次交換，而收款收據則要今天之銀行收款副聯，經孔君詢之合作金庫，允予照辦，但本公司不能記今日帳，美孚則記今日帳，此中實為一孔隙也。前日接洽貨物稅結果函達高雄廠，請與台南縣稅捐處接洽早予呈復財廳通知，並措辭對本公司有利云。

11 月 30 日　星期日　晴

譯作

續譯低度開發國家農業信用論第十一章「總結」，今日完成三千五百字，占全文三分之一。

瑣記

與德芳到富錦新村看新建房屋，大體就緒，而瑕疵甚多，經逐一與經辦人面洽改善。十二年前紹寧由其同學家取來之三足貓，生息甚多，近來病瘦堪憐，今晨忽見在紹彭床上死去，昨晚曾因上床不易，已現衰極之象，不料其生命已竭也。

12月1日　星期一　晴

職務

上午 Stretton 又談關於增資之申請案，余告以目前只有等待端木愷律師代為申請，但同時並行不悖者為速籌開董事會決定增資之日期，並按期轉帳，託由會計師申請增資登記，此事宜於年底前辦出，不宜再遲。渠又主張利用今年盈餘擴充設備一節，亦須申請，余告以應待明年初，如欲在股東會取得原則上之根據，則今年在股東臨時會先作原則上之提出亦可也。

家事

到市府兵役處與台北市團管區訪問，探詢志願入伍之辦法，內容甚為複雜，惟最重要者為必須服役四年，不同於提前服役之早去早回也。

12月2日　星期二　晴陣雨

職務

省府建設廳對本公司所請增加設備之工廠變更登記已通知照准，今日辦文請速發增資擴充設備之完工證明。

瑣記

晚，吳伯實來訪，渠現主辦正泰紡織廠會計，因上半年預估盈餘太少，將設法降低下半年盈餘，以免補繳短估金，詢余其方法如何，余詢以折舊未照新辦法辦理，擴充設備 25% 免稅亦未準備申請，而呆帳準備亦未照提，渠將回桃園核算後再作商量云。

參觀

下午參觀電子展覽會，中外廠家數十家，並有彩色電視。

12月3日　星期三　晴

職務

數日來有時間性之工作太多，故若干事務均有積壓，於是於今日摒擋一切，予以清理，並撕毀各種過時之紙片。端木愷律師派員來取為莫比公司申請以57年盈餘轉投資之各項附件，並分別用公司方印與趙董事長及余之私章，然後逕送投資審議會。

交際

晚，參加外資單位會計人員聚餐，現已擴充為三席，計三十餘人。

12月4日　星期四　晴

職務

編列 Proposed Schedule of Recapitalization，此已為第二次，第一次在春間為之，因股東會決議轉增資須待大股東莫比公司有結匯權始克為之，故一直拖延，直至最近始行獲准，於是須趕辦有關事項，一為開董事會決定增資日期，二為收帳，增加資本，三為委託會計師提出申請，並連帶的申請25%免稅擴充設備，以備明年報稅。函復紐約所詢明年到期之交通銀行長期貸款由莫比公司保證者之未還餘額，以便提出花旗銀行信用狀繼續保證云。

12 月 5 日　星期五　晴

職務

今日為月初第五工作天，應將預估損益報紐約，因十一月份銷貨不如理想，而費用方面，趙董事長旅費及聚苯乙烯貨物稅、又加工廠停工損失三項，共約新台幣三十萬元，致純益亦不過三十萬元，減成半數焉。Stretton 囑製二表，一為本年各項捐贈，逐筆詳列，計台幣四萬餘元，又為三節送禮，每節此間約三萬元，工廠約八千元，全年合共十一萬餘元。與工廠會計課長談下月份各特殊支出之列帳原則問題。

意外

下班計程車在復興橋南側為公共汽車所撞，略有震動，頸後作痛，幸至入睡時已漸漸消失，可見無何傷害。

12 月 6 日　星期六　晴

職務

與高雄廠朱會計課長及本處周、孔二主任討論，春節適逢二月六日為本公司元月份決算之緊迫期間，而放假三天，如何可以不影響報表之適時編竣，經決定二月四、五兩天周君來公司，將成本資料彙齊，然後俟二月九日假後辦公之日起即行趕辦，希望能於十三日或十四日將一月份報表寄出。十一月份本可吸收部分本年費用按月分攤不足之數，因結益不多，故只好全歸十二月份矣。

12月7日　星期日　晴

遊覽

數年未去指南宮遊覽，數週來又因天氣不佳，攝影困難，欲遊而未果，今日放晴，乃與德芳往遊，舊指南宮部分無何變更，但後山新建凌霄寶殿，極有吸收遊客之力，故假日遊人極多，該殿為四層，所祀為玉皇大帝以及以次道教各君，但奉祀者則為僧而非道，其後又有觀光樂園，就山勢布置花園，並畜養動物，如鹿、熊、金雞、銀雞、鴛鴦、孔雀等，皆極引人入勝，攝影多幀後，在洞庭湖餐廳午飯後回台北。

集會

黨校同學舉行茶會，工建會彭吉翔、馬星野、吳望伋等報告。

12月8日　星期一　晴陣雨

職務

本公司之增資股票因按獎勵投資條例第八條緩扣所得稅問題迄未發行，計自54年申請至今未准，現在55及56年之有關應償還之機器設備負債已相繼還清，理應申請，今日乃寫申請書一件，向國稅局申請，文內並聲述股東會之議決雖遲，但財政部已解釋可以追認，而何時申請增資之日期亦不應有問題（國稅局醞釀挑剔），所應注意者即該項未分派盈餘是否用於還債云。

12 月 9 日　星期二　晴

職務

上午舉行小型會報，討論四部加工品機器之進行計劃，仍為前數日所擬之事項，另行加入請求進口外匯一項。外國股東 Mobil Investment S. A. 所領之現金股利前向中央銀行外匯局申請結匯，昨日接到通知准予照辦，今日持赴花旗銀行以信匯方式將款匯紐約該行收 Mobil Investments 帳戶，至此數年來該公司之結匯權問題已因此一實例之建立而豁然開朗矣。辦妥後即以復函致紐約，請於接到該款見復云。

12 月 10 日　星期三　晴

職務

編製十一月份資本支出月報表，此月份之支出以聚苯乙烯擴建計劃及美孚委建儲槽計劃二項為支出最多，此兩計劃將於年底後迅即完成也。

集會

下午，到光復大陸委員會出席財政、經濟、稅務三個組聯席會議，延請財政部賦稅署署長金唯信報告工作情形，其重點在於獎勵投資條例，所得稅、貨物稅與營業稅等之改善，兼及各項人事行政之構想，歷時二小時，皆為賦稅改革委員會之工作，與財政部關係尚淺也。

12 月 11 日　星期四　晴

職務

下午，花旗銀行人員來本公司作財務調查，見其所擬對本公司申請長期貸款之對策為向本公司再作各種五年之研討，如照其所擬，又將多出若干工作，但經 Stretton 與其說明後並將紐約方面代本公司所擬十年計劃持示，彼等又不堅持己見，將該計劃持回再作研究。高雄廠來信請向美孚轉洽將十二月二十五日應撥付之代建貯槽與倉庫款提早撥付，但經加以研究，目前尚無必要，經即函復再作考慮。

12月12日　星期五　晴

職務

上午寫作十一月份工作報告，此次重點為討論事項，提出兩問題，一為資本支出希望勿超過二月底，二為客戶換貨紛擾滋多，而又發生損失，希望在處理方式上有所改良，提案中以最近福華毛紡廠之換紗管五千支為例，說明自發貨至換妥亙十一個月，認為太過浪費云。下午寫作十一月結算報告函件，此月份之營業情形最壞，只盈餘十餘萬元，乃預算之十分之一。建設廳派員下星期一往工廠，看利用 56 年盈餘擴充設備免稅 25% 案內之實際情形，中午約其便飯。

12月13日　星期六　晴

集會

上午到中山堂參加國大代表聯誼會召集之住宅問題報告會，因報告太過冗長，余因事早退，故不知結果如何云。

師友

晚，于治堂兄來訪，已在大甲中學退休，本月份起獲補臨淄國民大會代表，接替故徐軼千氏之缺。

家事

下午與德芳到板橋訪童叔平兄，面送西裝毛料一件，為慶祝其下星期一之生日，據云其夫人因事赴台中探親云。

12 月 14 日　星期日　晴

慶弔

上午，煙台學生為紀念張敏之、鄒鑑二校長及學生數人殉難二十週年，在善導寺誦經，曾往致奠，張兄由其女公子磊答禮，鄒寓似已無人矣。

聽講

下午到實踐堂聽顧應昌博士演講「從經濟學的觀點看工業建設」，先述工程與經濟二種觀點下之工業有何異同，再論合理化與台灣經濟發展之現狀與遠景，認為工業發展基本動力為技術，並以二十年來之日本為例，指出吾人應努力之道。

師友

晚在百齡餐廳約于治堂兄吃涮羊肉，德芳與紹彭偕往。

譯作

譯完「低度開發國家農業信用論」一書，今日所譯為末章「總結」之後段，此章共有一萬字強，將全書作一扼要之敘述，條理分明，極收綱舉目張之效。回憶此書自五十五年九月開始譯述，迄今三年有餘，共十四萬字，陸續刊載於合作金融月刊者亦已三年。在數日前寫至近書尾尚有五面之時，突然因胸內不舒，而致眩暈，視覺不明，手不能寫，自思心腔或胃腔有病，設不能終篇而竟物化，真所謂功虧一簣，於是連日趕譯，卒底於成，可見凡事全在人為也。

12月15日　星期一　晴

職務

去年公司所得稅藍色申報已初步經國稅局完成審查，其中重大出入為耗料認為超過，剔除九十餘萬元，利息認為有屬於資本支出者，又剔除二十餘萬元，皆為不甚合理之事。花旗銀行派江君來蒐集關於未來五年業務計劃之資料，余告以本公司未有特別計劃，只有 Stretton 交該行林君之十年計劃一大本，因無副本，故余亦不能詳舉其內容，請歸後自閱云。下午舉行業務會報，余提出討論二件，一為關於資本支出，希望二月底結束，二為客戶退貨處理手續，希望嚴密嚴加控制。晚，會同業務處請海關辦理退稅人員在中央飯店吃飯。

12月16日　星期二　晴

職務

去年莫比公司來公司查帳，曾有若干建議，十分瑣碎，但紐約方面十分重視，電詢執行情形，今日余將工廠所提資料加以融合，撰寫 Implementation Status 一篇，只待採購處加入三段有關事項，即可完篇。編製十二月份薪俸表，本月份加班費資料不全，須待明日始可完成。客戶退換紗管問題，煩擾不堪，今日又討論是否應再開統一發票，結論為仍須再開，但希望將來能在兩個月內換好，庶不致完納兩次營業稅云。

12 月 17 日　星期三　晴

職務

由本處兼管之莫比公司董監事費用專帳內容簡單，余初不以為意，今日 Stretton 接一紐約來信，謂彼與夏間來此出差之 Ostberg 曾有預支款項，尚未報銷，余初不知 Ostberg 係由上項專戶借支，經詢問美孚與慕華，皆無墊款，於是查核兼管前由美孚移來之帳項，始知紐約所預支者均在此一帳內，但亦有兩筆非在此帳內預支，經即將內容開出，交 Stretton 寫信答復。

體質

心口壓迫甚重，下午到聯合門診看病，開藥外並將作心電圖，因醫師曾君謂不類胃病，最好由心臟注意也。

12 月 18 日　星期四　晴

職務

客戶退換紗管問題，引起之紛擾最多，今日與美孚洽商，凡已將換好之紗管送到者，原已過期甚久之貨款，應即照收，並由美孚以現款轉來本公司，但該公司認為所換紗管既已另開發票，應自發票日起三個月後收款，亦即照平時一般貨款處理，此事殊無一定準則可言，余為此事絞盡腦汁，而苦無善策，亦只好屈從該公司之見地，三個月後再行向美孚收款云。

交際

長春石油化學公司請本公司同仁吃飯，主方為林、鄭、廖、李等人，我方五人。

12月19日　星期五　晴

職務

有關所得稅扣繳資料，現在已全年完成，今日加以查核，發現有部分溢發以後，未用由應發數內減列而用由扣除數內加列之方法，致申報扣繳手續時有溢報所得之缺點，且因在扣繳時已填報所得稅，無由改正，至感處理困難，此等事雖非公司本身之事，然其繁瑣程度尤有過之也。花旗銀行信用調查人員今日又以電話查詢各項財務資料，如銷貨、成本、費用之類，經查閱後始勉予答復。

12月20日　星期六　晴

職務

核算下月應發之年終獎金，多數人員並無問題，只照十二月份之待遇加算兩個月即可，但有臨時人員二人係為美孚公司所雇用，應否發給獎金無往例可援，無已乃詢之美孚公司，其財務人員不能肯定答復，須待一週後其經理回台始知，因此本表不能迅速編就。宋作楠會計師事務所之查帳人員來安排有關事項，決定本公司之十二月份報表，依紐約之要求於一月十五日發出電報，十六日發出原表，又彼於分析十月份之應收帳款後，希望擇出數戶，與美孚公司及客戶作適當接觸云。

12 月 21 日　星期日　晴

〔編註：因本日內容全屬家族隱私，故不錄入〕

12 月 22 日　星期一　晴

職務

今日因支付到期之料款三百餘萬元，事先向高雄交通銀行透支四百萬元，亦於今日由高雄廠匯到，實際此款為二十日到期，如該日透支，須支付二天之利息三千餘元，此種無形損失理應避免也。

集會

上午到中山堂報到參加國民大會代表年會及光復大陸委員會全體會。晚，參加革命實踐研究院招待國大代表之餐會。

娛樂

晚在實踐堂觀劇，李宛英泗州城，李桐春、王福勝天霸拜山，及徐露、王宛麗、陳寶亮之斷橋會，皆甚精彩，徐露之杜腔甚肖而不野，彩聲雷動。

12 月 23 日　星期二　晴

集會

光復大陸年會今、明兩日舉行，余下午出席，楊西崑次長報告外交，極詳盡得體，歸結於困難雖多而前途有為，博得掌聲不少。

交際

中午魯青代表聚餐，共六席。下午半數光復大陸委員聚餐，于斌副主委報告國外觀感，極富情感。

12 月 24 日　星期三　晴

集會

下午到光復大陸開年會，徐晴嵐報告匪情，並無特殊之處。

娛樂

晚，國大年會晚會，張富春挑滑車，郭小莊鐵弓緣，嚴蘭靜金水橋。

12 月 25 日　星期四　晴

集會

全日參加國大代表聯誼會年會，上午由嚴家淦代表蔣總統致詞，並報告行政，下午討論提案，重要案件有美國交日本琉球案應表明立場等。

交際

中午，鄒馨棣女士為其母慶九十壽，在實踐堂設宴，前往參加。鄒母三歲撫孤，堅貞無比，賀者無不稱道。晚，隋玠夫兄之次子結婚，前往道賀，並赴喜宴。

12 月 26 日　星期五　晴晚雨

集會

今日憲政研討會全體會開始，余下午始往參加，因事早返。

家事

到電信局訪余副局長，託為遷移電話至富錦新村，據查詢後謂須等候 56 天，但余君允為特殊設法，或可早辦。

體質

上週根據曾文賓醫師處分所作之心電圖，於今日往看門診，由王文琦醫師診斷，謂無意象，但試脈後謂血管有硬化現象，配藥二種，一為治療目的者，紅丸，日服三次，二為小白色片，備心臟有異時服用。

12 月 27 日　星期六　晴

職務

上午到合作金庫中山支庫訪新任李副理，並與黃經理約定於下星期二招待該支庫中級以上人員晚飯。宋作楠會計師事務所將發函各客戶對帳，但在美孚總代銷合約下，本公司只有美孚一家應收帳，故余對此事甚為猶豫，今日余與美孚主管白敬尊君接洽，詢其可否同意宋事務所去函對帳，白君堅決反對，故此事尚無結論。為即將解散之長達公司清算人王紳會計師所製報表，以三個監察人身分提出審查報告，余於上午作好，交該公司經理陳君向其他二人徵求簽字。

12 月 28 日　星期日　晴曇

師友

上午到永康街探望趙榮瑞君之幼子，三天前因車禍受傷，並以水果為贈。

12 月 29 日　星期一　晴

職務

與 Stretton 談今年本公司增資至今未能轉帳，係因莫比公司迄未奉核定此項外資之增加，然股東會只提及結匯權，此點已做到，最好於本年底前轉帳，只須開一次董事會決定日期即可，彼已首肯，乃趕辦中。下午參加長達公司解散結束會議，決定剩餘財產之分配，帳冊文卷之保管等，並聚餐。與美孚公司洽定務於本月三十一日付清到期貨款，以免帳上餘額與銀行不符云。

12 月 30 日　星期二　晴

職務

上午到美孚公司與白敬尊經理及宋作楠會計師事務所之 Veloso 等討論此次本公司查帳案之應收帳款對帳問題，緣 Veloso 主張本公司對美孚之應收帳款雖為一筆整數，但呆帳由本公司負擔，故準備與美孚客戶對帳，而白君則不以為然，討論結果由美孚供給兩戶有問題之帳款以充實其查帳報告而罷。

交際

晚，招待合作金庫中山路支庫之各主管人員，為例行每年之招待，由本處全體同仁作陪。昨日羅家倫氏開弔，往謁靈行禮。

12 月 31 日　星期三　晴

職務

本月份應由美孚撥付之貨款為七百萬元，但直至第三次交換截止之下午二時半，尚未將支票送到，而今日付款甚多，已超出合作金庫之透支限度，於是通知合作金庫請於交換票據中加入本公司之美孚支票，事後定必補入，如此直至三時半始行辦妥。因銀行須至下週一始行營業，而三日即有由高雄進口之原料必須報關，故趕於今日撥款，以便在高雄換取銀行支票備用。

體質

胸口仍有壓迫感，晚由德芳陪赴沈燾醫師處診斷，量血壓為120/80，心電圖亦正常，謂此係心臟病之前奏，目前尚無病象，應多注意休息，節勞累，取來藥品二種服用。

附錄

收支表

月日	摘要	收入	支出
1/1	上月結存	85,654	
1/1	書刊、食品		25
1/4	年終獎金	18,000	
1/4	家用		5,300
1/6	咖啡二磅、水果		125
1/10	上月火食、車費		210
1/15	理髮、車錢		30
1/18	酒、水果、書刊		30
1/18	修鞋		15
1/20	本月待遇	8,900	
1/20	家用		17,700
1/22	酒		50
1/25	田孑敏子喜儀		200
1/26	看戲、水果、食品		50
1/27	餽贈糖果、皮帶、食品		500
1/28	趙庸夫子喜儀		100
1/28	理髮、晚餐		25
1/29	上週公請離職同仁		150
1/30	二月待遇	5,760	
1/30	公保、黨費、所得稅		114
1/30	二月房貼	400	
1/30	同仁捐、一日所得捐		246
1/30	修屋貸款 59 期		330
1/30	家用		7,800
1/30	藥品、車錢		100
1/30	牟尚齋子喜儀		200
	合計	118,714	33,300
	本月結存		85,414

月日	摘要	收入	支出
2/1	上月結存	85,414	
2/1	Pream 粉一瓶		60
2/4	車票、酒		80
2/7	酒、食品		35
2/8	二月待遇及特獎金	20,800	
2/8	家用		5,000

月日	摘要	收入	支出
2/8	皮鞋、領帶、扇子、皮帶、午飯		745
2/13	食品、水果、用品、書刊、紹因北高車票		630
2/13	春節賞工友、上月火食、車費		270
2/14	1-6 月集會費	3,060	
2/14	赴板橋車賞		10
2/14	趙廷箴氏特酬	10,000	
2/14	家用		19,100
2/15	糖果、餅乾		305
2/19	建業中學車馬費	75	
2/19	連日車費		70
2/22	王讓千嫁女喜儀		100
2/22	車費		25
2/23	聚餐、車費、鐵料		145
2/23	贈陳果夫師母		1,000
2/25	理髮、水果		30
2/28	三月待遇	5,760	
2/28	公保、黨費、所得稅		115
2/28	三月房貼	400	
2/28	互助金、同仁捐		160
2/28	修屋貸款 60 期		325
2/28	兩女註冊等費		4,200
2/28	合利他命、金福祿命、肥皂、車費		240
2/28	家用		11,400
	合計	125,509	44,045
	本月結存		81,464

月日	摘要	收入	支出
3/1	本月結存	81,464	
3/1	書刊、食品、水果		30
3/4	書刊		20
3/5	水果		60
3/6	子女教育費	1,100	
3/6	上月中飯、車費、書刊		190
3/7	書刊		20
3/10	毛衣		320
3/10	車票、藥品		90
3/11	去年所得稅		3,120

月日	摘要	收入	支出
3/11	理髮、藥品		45
3/12	裝假牙		900
3/15	膏藥、酒		65
3/16	看戲、水果、點心		85
3/18	美援分署聚餐		170
3/20	本月待遇	8,900	
3/20	什用		5
3/21	台達歸還所得稅	810	
3/21	鞋跟、水果		15
3/26	水果、理髮		25
3/28	賞力、早點		30
3/31	四月待遇	5,760	
3/31	公保、黨費		82
3/31	四月房貼	400	
3/31	福利互助金		30
3/31	修屋貸款 61 期、家用		7,128
3/31	車費		20
	合計	98,434	12,450
	本月結存		85,984

月日	摘要	收入	支出
4/1	上月結存	85,984	
4/1	水果、書刊		30
4/3	書刊、車錢、看病		15
4/5	上月火食、車費等		215
4/9	理髮、水果		30
4/11	車費		15
4/13	戲票、食品		80
4/13	捐贈張正緒火災		500
4/13	宴客		1,700
4/15	水果		15
4/16	衣料 3.6 尺差價		370
4/16	送朱寶奎花籃		80
4/16	德芳衣料		420
4/20	本月待遇	9,700	
4/20	水果、家用		2,020
4/24	理髮、水果、書刊		45
4/26	早點、書刊、同仁食品		125
4/27	咖啡、水果		370
4/27	月票		60
4/28	食品、書刊		40

月日	摘要	收入	支出
4/28	唐仁民喜儀		100
4/30	五月研究費	2,880	
4/30	公保、黨費、互助金		110
4/30	五月公費	2,880	
4/30	修屋貸款 62 期		328
4/30	五月房貼	400	
4/30	地方自治月刊、同仁捐		70
4/30	獎學金二名	2,080	
4/30	書刊、電池		22
4/30	家用		9,200
	合計	130,924	15,960
	本月結存		87,964

月日	摘要	收入	支出
5/1	上月結存	87,964	
5/1	上月中飯車錢		210
5/3	書刊、水果		30
5/5	書刊、車錢		20
5/8	水果、理髮、話劇票		50
5/10	徐福助喜儀		200
5/10	急救、車費		85
5/12	水果		65
5/15	水果、書刊、 袁慰亮母喪奠儀		60
5/17	茶葉		20
5/20	本月待遇	9,700	
5/20	家用		7,000
5/21	餅乾三斤		35
5/22	理髮		50
5/24	餅乾一斤		15
5/28	林作福子婚儀		200
5/30	六月待遇	6,160	
5/30	公保、黨費、互助金		110
5/30	修屋貸款 63 期		328
5/30	同仁捐、獎學金		220
5/30	藥品、蚊香、藥皂		22
5/30	家用		9,400
	合計	103,824	15,520
	本月結存		85,304

月日	摘要	收入	支出
6/1	上月結存	85,304	
6/1	紹因用、書刊		40
6/2	書刊		35
6/4	茶、水果、衛生紙、書刊		80
6/5	上月車費、中飯		220
6/5	奶粉精、染髮藥		135
6/5	鞋油、水果、理髮		65
6/8	車錢、水果		20
6/9	趙錄絅喪儀、羅甸服母喪儀		130
6/9	餅乾、車錢		30
6/12	陳粵人嫁女喜儀		200
6/12	公司同仁食品		75
6/14	月票、車費		70
6/16	端節賞工役		100
6/17	本年 7-12 月集會費	3,060	
6/17	理髮、看病、書刊		30
6/21	合送 Stretton 19 日生日蛋糕		15
6/25	餅乾、昨日聚餐、水果		35
6/29	電影		20
6/30	本月公費	2,880	
6/30	公保、黨費、互助金		110
6/30	本月研究費	2,880	
6/30	修屋貸款 64 期		329
6/30	本月房貼	400	
6/30	同仁捐、公請份金		322
6/30	換鞋跟、書刊、金福祿命		150
6/30	家用、助周方醫藥費 200		6,800
	合計	94,524	9,010
	本月結存		85,514

月日	摘要	收入	支出
7/1	上月結存	85,514	
7/1	理髮、頭臘		50
7/2	龔祖遂子喜儀、書刊		220
7/5	昨日點心、書刊、計程車		80
7/7	計程車、上月火食、車費		230
7/9	紹彭車票、考場用		85
7/10	水果、車錢		10
7/11	食品		30
7/12	改衣、食品		125
7/13	車錢		20

月日	摘要	收入	支出
7/15	理髮		15
7/16	趙廷箴做壽份金、電影		245
7/17	水果		10
7/19	本月待遇	9,700	
7/19	扣福利壽險費		300
7/19	借興良及餽贈		455
7/19	冰淇淋、水果、菜錢、車錢、芳用、膠帆布		235
7/19	家用		4,000
7/28	食品、水果、藥水		45
7/29	理髮		15
7/30	本月公費研究費	6,030	
7/30	修屋貸款 65 期		328
7/30	補上月公費	270	
7/30	同仁捐		80
7/30	本月房貼	480	
7/30	藥品、車錢		152
7/30	補上月房貼	80	
7/30	公保、黨費、互助金		130
7/30	家用		8,900
	合計	102,074	15,660
	本月結存		86,414

月日	摘要	收入	支出
8/1	上月結存	86,414	
8/1	書刊		25
8/2	電池、書刊		15
8/3	月票、書刊		70
8/4	唱針、書刊		30
8/6	趙廷箴嫁女喜儀		200
8/6	上月中飯、車費		230
8/12	理髮		20
8/13	電池、水果、鞋帶		10
8/15	餅乾、食品		50
8/18	建業中學車馬費	75	
8/18	車費		40
8/20	本月待遇	9,700	
8/2	家用		5,500
8/023	酒、水果、書刊		85
8/24	車錢、黨費、電影票		40
8/29	理髮、酒、水果、修熨斗		55

月日	摘要	收入	支出
8/30	本月公費研究費	5,760	
8/30	公保、黨費、互助金、同仁捐		252
8/30	調整待遇準備	270	
8/30	修屋貸款 66 期		328
8/30	本月房貼	480	
8/30	藥品、電池		70
8/30	家用		9,700
	合計	102,699	16,520
	本月結存		86,179

月日	摘要	收入	支出
9/1	上月結存	86,179	
9/1	聚餐、書刊、水果		125
9/1	手表二隻		700
9/2	髮藥二瓶、酒		200
9/3	上月中飯、車錢		230
9/4	書刊		20
9/5	書刊		15
9/12	理髮		20
9/14	教科書、酒		40
9/17	食品、水果		70
9/20	本月待遇	9,700	
9/20	家用		4,500
9/20	丁德先、張泰雲子婚禮禮金		400
9/22	秋節賞工友		100
9/23	酒、電池等		40
9/25	早點、水果		20
9/28	理髮、酒		40
9/29	電池、水果		10
9/30	水果		20
9/30	十月研究費	2,880	
9/30	公保		79
9/30	十月公費	2,880	
9/30	黨費		10
9/30	調整待遇準備	270	
9/30	修屋貸款 67 期		328
9/30	十月房貼	480	
9/30	福利互助金		32
9/30	捐贈少年棒球隊		10
9/30	同仁捐		120

月日	摘要	收入	支出
9/30	勞軍		41
9/30	家用		9,100
9/30	合利他命		65
	合計	102,389	16,335
	本月結存		86,054

月日	摘要	收入	支出
10/1	上月結存	86,054	
10/1	上月火食、車錢		210
10/6	書刊		10
10/8	書刊、車錢		25
10/8	食品		35
10/8	侯太太花圈		100
10/9	書刊		10
10/11	水果		40
10/12	皮鞋		90
10/12	理髮、酒		130
10/12	電池		10
10/16	酒、水果		30
10/17	書刊		15
10/18	水果		15
10/19	食品、書刊		20
10/20	本月待遇	9,700	
10/20	縫工		1,150
10/20	家用		4,900
10/21	酒、水果		20
10/23	逄化文壽禮		200
10/26	理髮、酒		40
10/26	韓質生子喜儀		200
10/27	車票、水果		130
10/28	蛋糕、食品、車錢		110
10/29	酒		20
10/30	十一月研究費	2,880	
10/30	公保、黨費		89
10/30	十一月公費	2,880	
10/30	修屋貸款 68 期		328
10/30	調整待遇準備	270	
10/30	互助會、同仁捐		162
10/30	十一月房貼	480	
10/30	風災捐		74
10/30	本學期子女教育費	1,440	

月日	摘要	收入	支出
10/30	書刊		17
10/30	家用		7,800
	合計	103,704	16,180
	本月結存		87,524

月日	摘要	收入	支出
11/1	上月結存	87,524	
11/1	書刊		10
11/1	蔣文彬母喜儀		100
11/3	贈侯寶志上河圖片、門票		140
11/3	書刊		15
11/4	上月火食、車費		225
11/4	公請侯寶志		175
11/7	慈善券		20
11/9	理髮、水果、車錢、餽贈、家零用		110
11/11	餅乾、聚餐		45
11/12	紹彭獎金		20
11/14	倪摶九母喪儀		100
11/15	水果		20
11/18	酒		20
11/20	本月待遇	9,300	
11/20	聖誕卡		30
11/20	家用		6,200
11/22	食品		10
11/23	水果、理髮		30
11/23	酒		20
11/24	車錢		30
11/24	改衣		180
11/24	酒		20
11/30	十二月研究費	2,880	
11/30	公保、黨費		89
11/30	十二月公費	2,880	
11/30	修屋貸款 69 期		328
11/30	調整待遇準備	270	
11/30	互助金、同仁捐		213
11/30	十二月房貼	480	
11/30	子女獎學金捐		20
11/30	九、十、十一月油鹽代金	270	
11/30	家用		9,100
11/30	藥品		190

月日	摘要	收入	支出
11/30	水果		10
	合計	103,604	17,470
	本月結存		86,134

月日	摘要	收入	支出
12/1	上月結存	86,134	
12/1	褲子縫工、米、酒、書刊		185
12/3	毛衣五件		250
12/3	奧龍內衣一件		80
12/4	餅乾、刀片、水果		35
12/5	上月中飯、車費		220
12/6	內衣二件、書刊		290
12/7	茶會、理髮		90
12/7	車錢		10
12/9	換鞋跟、水果		30
12/10	肥皂、酒、藥皂、象牙皂		85
12/12	水果		10
12/13	車費、食品		20
12/14	內衣一套、車票、解毒丸、套鞋		24
12/14	請于治堂晚飯		0300
12/15	洗印照片		240
12/16	內衣、電池		70
12/16	水果		10
12/19	本月待遇	9,700	
12/19	酒、洗衣		45
12/19	家用		3,700
12/20	水果		20
12/22	國大年會費	1,510	
12/22	廣柑一箱		90
12/22	尼龍內褲、聚餐、理髮		140
12/25	鄒馨棣母壽儀、隋玠夫子喜儀		400
12/26	蘋果、木瓜、酒、香皂		115
12/29	書刊		15
12/30	車錢、書刊、電池		35
12/30	一月研究費	2,880	
12/30	公保、黨費		89
12/30	一月公費	2,880	
12/30	修屋貸款 70 期		328
12/30	調整準備	270	

月日	摘要	收入	支出
12/30	互助金、同仁捐		143
12/30	一月房貼	480	
12/30	家用		10,400
	合計	103,854	17,685
	本月結存		86,169

吳墉祥簡要年表

1909 年	出生於山東省棲霞縣吳家村。
1914-1924 年	入私塾、煙台模範高等小學（11 歲別家）、私立先志中學。
1924 年	加入中國國民黨。
1927 年	入南京中央黨務學校。
1929 年	入中央政治學校（國立政治大學前身）財政系。
1933 年	大學畢業，任大學助教講師。
1937 年	任職安徽地方銀行。
1945 年	任山東省銀行總經理。
1947 年	任山東齊魯公司常務董事兼董事會秘書長。 當選第一屆棲霞國民大會代表。
1949 年 7 月	乘飛機赴台，眷屬則乘秋瑾輪抵台。
1949 年 9 月	與友協力營救煙台聯中校長張敏之。
1956 年	任美國援華機構安全分署高級稽核。
1965 年	任台達化學工業公司財務長。
1976 年	退休。
2000 年	逝世於台北。

民國日記 94

吳墉祥在台日記（1969）

The Diaries of Wu Yung-hsiang at Taiwan, 1969

原　　著　吳墉祥
主　　編　馬國安
總 編 輯　陳新林、呂芳上
執行編輯　林弘毅
封面設計　陳新林
排　　版　溫心忻、施宜伶

出　　版　開源書局出版有限公司
香港金鐘夏慤道 18 號海富中心
1 座 26 樓 06 室
TEL：+852-35860995

民國歷史文化學社有限公司
10646 台北市大安區羅斯福路三段
37 號 7 樓之 1
TEL：+886-2-2369-6912
FAX：+886-2-2369-6990

http://www.rchcs.com.tw

初版一刷　2022 年 1 月 27 日
定　　價　新台幣 400 元
港　幣 110 元
美　元　15 元
I S B N　978-626-7036-65-5
印　　刷　長達印刷有限公司
台北市西園路二段 50 巷 4 弄 21 號
TEL：+886-2-2304-0488

國家圖書館出版品預行編目 (CIP) 資料
吳墉祥在台日記 (1969) = The diaries of Wu Yung-hsiang at Taiwan,1969/ 吳墉祥原著 ; 馬國安主編 . -- 初版 . -- 臺北市 : 民國歷史文化學社有限公司 , 2022.01

面；　公分 . -- (民國日記 ; 94)

ISBN 978-626-7036-65-5　(平裝)

1.CST: 吳墉祥 2.CST: 臺灣傳記 3.CST: 臺灣史 4.CST: 史料

783.3886　　111000331